하루에 한 줄씩 읽는

<매우 가벼운 사사로운 일상의 생활에서부터
매우 무거운 종교와 철학까지>
평이하면서도 평이하지 않는 류 재 상 시인의

명상(冥想)

-전체 '33장 440절'로 된-

<詩 5,000편의 詩人!>

시인의 고독한 독백(獨白)

도서출판 평 강

| 서문 |

책을 내면서

류 재 상

　인생은 길면서도 너무나 짧다. 우리 삶의 시간은, 기억되는 추억들만 항상 압축되어 나타나기 때문이다. 몇 개의 압축된 삶의 기억들만 인생을 대표하게 된다. 그래서 누구나 삶을 뒤돌라보면, **'어느새!'**라는 탄식 속에, 인생은 아무리 길어도 너무나 짧은 극적인 순간일 뿐이다.

　길면서도 짧은 인생처럼, 여기에 모인 글들도 긴 삶의 이야기들을 가장 짧게 극적인 표현으로 압축하여, 전체 33장 440절로 모아 보았다.

　이 글들은 내 삶의 경험들이다. 독자들의 삶에 조금이라도 보탬이 되었으면 한다.

月葉堂(월엽당) '시인의 집' 月葉 류 재 상 씀.

목 차

서문 I 책을 내면서 / 03

제1장 / 09
광고(廣告)는, 자기 자신의 안목과 철학을 백지(白紙)로 만드는 요술(妖術)이다.

제2장 / 14
최초로, 하늘을 읽고 가장 감동(感動)한 사람이 바로, 예수(Jesus)다. 그 증거가 바로, 저 성경(聖經)(Bible)이다.

제3장 / 17
시는, 감동(感動)의 가장 화려한 압축(壓縮)이다.

제4장 / 20
죽음은, 가장 강력한 삶의 힘(energy)이다.

제5장 / 24
자유는 오직, 가진 것을 버리는 것이다.

제6장 / 27
성(性)은, 삶의 가장 인자(仁慈)한 스승이다.

제7장 / 31
자연의 악(惡)보다, 인간의 선(善)이 더 잔인하다. 이것이 무위(無爲)와 인위(人爲)의 차이다.

제8장 / 34
준비(準備)는, 파괴를 허락하는 신호(信號)다. 그 한 예(例)로, 새 집을 지을 준비가 다 된 사람만이, 헌 집을 마음껏 파괴할 수 있듯, 세상의 모든 이치(理致)가 이와 또 같다.

제9장 / 38
삶은 모순(矛盾)이, 진실(眞實)이다. 삶은 논리로 설명할 수 없는, 매우 극적인 우연(偶然)과 서로 얽혀있는, 참으로 알 수 없는 신비(神秘)의 세계이기 때문이다.

제10장 / 41
성(性)은, 인간의 가장 화려한 꽃이다. 그러나 그 꽃 속에는, 가장 무서운, 인륜(人倫)이라는 독(毒)이 숨어있다.

제11장 / 44
21세기는, 영〈0〉과 일〈1〉의 세기(世紀)다.

제12장 / 46
시인의 정신〈詩精神〉은 언제나 가장 맑은, 저 깨끗한 물빛이어야 한다.

제13장 / 49
신(神)의 어머니는, 인간(人間)이다. 인간의 상상(想像)으로 신의 존재(存在)를 창조했기 때문이다. 예수(jesus) 그도, 신(神)을 창조한, 참으로 위대한 인간 중, 한 사람이다.

제14장 / 52
과학(科學)의 마지막 극치는, 재앙(災殃)이다.

제15장 / 56
적게 가진 고민(苦悶)보다, 많이 가진 고민이 더 크다.

제16장 / 60
신(神)의 최고 예술품은, 여성(女性)이다. 그러나 남성(男性)도 여성 못지않게, 신의 가장 위대한 걸작(傑作)이다.

제17장 / 64
비논리의 논리학이, 신학(神學)이다. 존재하지 않는 것을 존재하게 만들고, 그것을 또 반드시 믿게 만드는 논리(論理)가 바로, 신학이다.

제18장 / 67
시인은 그 죽음까지, 영원히 가장 아름다운 사람이다.

제19장 / 71
비논리적(非論理的) 차원이, 정신적(精神的) 차원이다.

제20장 / 74
상식(常識)은 대중(大衆)의 법도고, 비약(飛躍)은 천재(天才)의 법도다.

제21장 / 77
땅은, 저축(貯蓄)의 왕이다. 모든 생명의 먹거리를, 하나도 빠짐없이 다 준비하고 있기 때문이다.

제22장 / 81
눈물만큼, 인간의 순수(純粹)한 언어는 아직 없다.

제23장 / 85
유(有)보다, 무(無)가 더 역동적(力動的)이고 창조적(創造的)이다. 없어져야, 또 새로운 것을 만들 수 있고, 비워야 또 가득 채울 수 있기 때문이다. 전통적으로 동양의 세계관은 무(無)의 세계관이고, 서양의 세계관은 유(有)의 세계관이다. 앞으로의 미래는 서양보다, 동양이 더 희망적이다.

제24장 / 89
불의(不義) 앞에 용기(勇氣) 있는 분노(忿怒)가, 죽지 않는 영원한 역사(歷史)의 생명력(生命力)이다.

제25장 / 92
자연(自然)은, 표정(表情)만으로 언어를 만든다.

제26장 / 96
진짜 채찍은 자책(自責)의 채찍, 이것 하나뿐이다.

제27장 / 100
사랑은 멀수록, 신비하고 아름답다.

제28장 / 103
자연(自然)의 사랑은, 오직 무관심(無關心)이 최고의 사랑이다.

제29장 / 107
잠은, 죽음의 확실한 연습이다.

제30장 / 111
타락한 성욕(性慾)은 이제, 식욕(食慾)처럼 공개적이고 노골적이다. 이것이 바로, 신(神)이 노(怒)한 확실한 증거다.

제31장 / 114
인간의 자만(自慢) 때문에, 천벌(天罰)이 있다.

제32장 / 117
습관은 되돌아보지 않으면, 반드시 병(炳)이다. 내가, 약(藥)처럼 고쳐야 할 병이다.

제33장 / 122
삶의 핵심은, 내가 끝까지 살아야 한다는 이 한 가지 이유(理由)다. 이 이유가 없다면, 우리의 삶은 너무나 허무(虛無)하다.

제1장

광고(廣告)는,
자기 자신의 안목과 철학을
백지(白紙)로 만드는 요술(妖術)이다.

1
광고(廣告)는, 자기 자신의 안목과 철학을 백지(白紙)로 만드는 요술(妖術)이다.

2
광고(廣告)의 최고 기법(技法)은, 여성적인 그 촉촉한 유혹을, 상품 광고의 가장 강력한 무기(武器)로 사용하는 기법이다.

3
21세기는, 꿈으로 제품을 만들어야 한다. 환상(幻想)도, 가장 위대한 상품이 되는 세기(世紀)다.

4
현대 사회는, 숫자의 조작으로 행복의 조작이 가능하다. 이것이 바로 현대 사회의 허구(虛構)다.

5
가장 깨끗해야 할 비누 곽이, 알고 보면 제일 더럽다. 이것이 바로, 현실(現實)의 경악(驚愕)이다.

6
전쟁(戰爭)이 없는 세상은, 이야기가 없는 세상이다. 세기적(世紀的) 위대한 예술(藝術)은 대부분 전쟁 이야기다.

7
문학평론가(文學評論家)는, 문학작품을 논리적(論理的)으로 시중드는 잡부(雜夫)다. 세상 모든 평론가(評論家)라는 그 이름은, 전부가 논리적 시중을 드는 잡부들이다.

8
고요함은, 평화(平和)와 행복을 만드는 희한한 능력이다. 국민의 평화와 행복을 만들어 주는 정치가(政治家)는, 이 고요함의 능력을 반드시 알아야 한다. 밤〈夜〉에 불을 끄고 조용히 혼자 누워보면, 비로소 고요함의 능력을 알 수 있다.

9
광고(廣告)는, 공인된 가장 황홀한 거짓말이다. 요즘 광고는, 진실 같은 거짓말로 시적상상(詩的想像)을 불러일으킨다. 그래서 많은 사람들은, 그 꿈같은 아련함에 속고 산다.

10
요즘의 선택 기준은, 성능(性能)이나 질(質)이 아니라 광고(廣告)다. 그래서 서로 마음껏 떠벌리며, 제 잘난 맛에 사는 세상이다.

11
장미꽃의 가시는, 오직 아름다움을 지키기 위해 언제나 분노(忿怒)해 있다.

12
희망(希望)은, 꿈일 때가 가장 아름답다. 희망이 현실(現實)이 되면, 그때는 가장 어이없는 실망(失望)이 된다. 이것이 바로, 삶의 현실이다.

13
군인(軍人)이 제일 멋질 때가, 바로 총 들고 나라를 위해 싸울 때다.

14
세상의 우연(偶然)은, 절대로 우연이 아니다. 그것은 내가 기다리고 기다린 노력의 필연(必然)이다.

15
결혼(結婚)은, 꿈과의 전쟁(戰爭)이다.

16
마음은 허공(虛空)이고, 생각(生覺)은 그 허공을 나는 한 마리의 새〈鳥〉다.

17
우리는 흰옷 입었던 민족이다. 흰옷의 상징은 황홀하게 아름답다. 그러나 흰옷의 현실은 참으로 비참하다. 일터에서 가장 부끄러운 옷이 바로, 흰옷이다. 흰옷의 자랑은, 이 나라 오천 년을 오직 꿈속으로 만들뿐이다. 현실은 꿈이 아니라, 더러운 진흙탕 속에서 서로 뒹구는 싸움이다.

18
경찰관(警察官)은, 날마다 청소(淸掃)를 해야 한다. 그것은 쓰레기의 발생과 범죄(犯罪)의 발생이 똑 같다는 사실을 알기 위해서다.

19
도자기는, 흙⟨土⟩과 불⟨火⟩을 초월(超越)한 세계다.

20
바위의 저 무거운 침묵 속에는, 언젠가는 반드시 부서져 꼭 흙이 되겠다는 꿈이 있다. 가장 아름다운 꽃나무를 꼭 한번 키워보고 싶기 때문이다.

제2장

최초로, 하늘을 읽고 가장 감동(感動)한
사람이 바로, 예수(Jesus)다.
그 증거가 바로, 저 성경(聖經)〈Bible〉이다.

21
최초로, 하늘을 읽고 가장 감동(感動)한 사람이 바로, 예수(Jesus)다. 그 증거가 바로, 저 성경(聖經)〈Bible〉이다.

22
하늘에는, 분명히 활자(活字)가 있다. 다만, 믿음으로 보이는 활자다. 성경(聖經)은, 그것을 최초로 옮겨 적은 책(冊)이다.

23
파리 떼가 사람을 괴롭히는 것은, 오직 죽지 못한 목숨 때문이다. 매우 선량한 인간은 파리 떼를 용서할 수는 없어도, 그것을 이해할 수는 있다.

24
노래는, 삶의 기쁨이 아니다. 오히려 삶의 가장 깊은 슬픔이다.

25
똥(糞)이, 사과밭에 깊이 묻히면 사과의 단맛으로 변한다. 그래서 똥의 그 진한 냄새는, 땅 속에 깊이 묻히고 싶은 가장 간절하고, 가장 순수한 '**기도(祈禱)**'다.

26
수학(數學)은 두 개를 영원히 두 개로 고정시키는 작업이지만, 문학(文學)은 두 개를 깨뜨려 영원히 두 개로 만들지 않는 작업이다.

27
바람은 가벼움으로 사물을 흔들어 깨우지만, 사색(思索)은 무거운 침묵(沈默)으로 하늘을 흔들어 깨운다.

28
오늘은 어제의 연속이 아니라, 밤사이에 잠〈작은 죽음〉을 통한, 새로운 탄생(誕生)이다. 이것이 바로, 오늘 하루의 가장 힘찬 출발이다.

29
당신의 발길이 닿는 곳이라면, 어느 곳이든 땅 밑을 조금만 파 보라. 거기에는 어김없이, 실뿌리가 혈관(血管)처럼 얽혀 있다. 이것이 바로, 그 무서운 생명력(生命力)이다.

30
인간과 파리가 똑 같은 것이 하나 있다. 그것은 바로, 그 고귀한 생명(生命)을 가졌다는, 가장 엄숙한 이 사실 하나다.

제3장

시는, 감동(感動)의 가장 화려한 압축(壓縮)이다.

31
시는, 감동의 가장 화려한 압축(壓縮)이다.

32
시는, 언어가 보여주는 가장 신기한 마술(魔術)이다.

33
시는, 저 오염(汚染)되고 거짓된 일상(日常)의 언어를 버리고, 가장 정직한 언어를 새롭게 창조(創造)하는 예술이다.

34
시는, 언어로 담근 술〈酒〉이다. 취(醉)하면, 참으로 황홀(恍惚)하다.

35
시는, 인간의 원초적인 불안〈**죽음을 앞 둔 인간의 불안**〉을 가장 섬세하게 달래주고 보살펴주는, 가장 신비(神秘)한 언어다.

36
시는, '**번쩍~!**' 하는 가장 밝은 영감(靈感)의 빛〈光〉이다.

37
시는, 시인과 언어와의 지칠 줄 모르는 싸움이다.

38
시는, 쓰는 것이 아니라 끝까지 퇴고(推敲)하는 것이다.

39
시는, 한없이 비상(飛翔)을 꿈꾸는 마음의 날개다.

40
나는, 썩은 나무토막 하나가 나의 스승이다. 어느 비 오는 날, 서울의 미아리고개 넘어 그 더러운 정능천(貞陵川)에서 나의 스승을 처음 만났다. 그는 물굽이비치는 소용돌이 속에서 다 썩은 손을 번쩍 들어, 하늘에다 커다랗게 '**원(圓)**' 하나를 나에게 그려 보였다. 60년이 지난 지금까지, 그 원 속의 비밀을 푸는 것이, 내 시(詩)의 과제(課題)요 숙제(宿題)다.

41
시는, 일상(日常)의 언어를 파괴할 때 생기는 그 충격의 불꽃이다.

42
시는, 언어로 표현할 수 없는, 또 다른 언어(言語)다.

제4장

죽음은,
가장 강력한 삶의 힘⟨energy⟩이다.

43
죽음은, 가장 강력한 삶의 힘〈energy〉이다.

44
나는, 나의 죽음을 내 삶의 최고 스승으로 모시고 있다.

45
언제라도 죽을 각오로 살면, 두려움이 전연 없다. 이런 삶이 완벽한 삶이다.

46
째깍째깍! 가는, 그 1초도 죽음이다. 아차, 하는 순간도 버릴 수 없다.

47
죽음은, 어려운 삶을 쉽게 풀어 가는 공식(公式)이다. 그것이 바로, 죽을 각오(覺悟)하고 사는 것이다. 죽을 각오하고 살면, 세상에는 그 어느 것도 두렵거나 무서운 일이 단 하나도 없다. 죽음은 오직 저 하늘까지 뒤흔들 수 있는, 가장 강한 삶의 힘〈energy〉이기 때문이다.

48
위대한 인물(人物)은, 항상 만족한 죽음을 꿈꾸며 준비(準備)하고 있다.

49
아픔과 죽음은, 언제나 우리의 최고의 긍정(肯定)이다. 이것이 바로, 우리의 건강을 지켜주는 유일한 비결(秘訣)이 때문이다.

50
죽고 싶은 사람아, 다시 한 번 벌떡 일어나 정말 죽을 각오로 살아 보라. 삶의 두려움이 그 얼마나 너를 속였는지, 비로소 알 것이다.

51
인간의 아름다움이, 가장 극적(劇的)일 때가 바로, 죽을 때다. 이것을 아는 사람은, 절대로 평범하게 살지 않는다.

52
우리가 주어진 한계(限界) 속에서, 그래도 가장 탄력성(彈力性) 있게 삶을 노래 부를 수 있는 비결은! 바로, 죽음의 비결(秘訣) 때문이다.

53
죽음은, 새로운 탄생(誕生)이다. 이것은 종교적(宗敎的) 또는 시적(詩的)인 깨달음의 세계이다.

54
병(病)과 인간의 전쟁이 바로, 의학(醫學)이다. 양쪽의 무기는, 모두가 고귀한 인간의 생명이다.

55
이 세상에, 가장 고귀한 죽음은! 오직, 나라를 지키다 죽는

군인(軍人)이다.

제5장

자유(自由)는 오직,
가진 것을 버리는 것이다.

56
자유(自由)는 오직, 가진 것을 버리는 것이다.

57
가장 놀라운 사실은, 나쁜 놈들은 자기가 자기를 가장 나쁜 놈으로 만들고 있다는 사실이다.

58
현대는 자동차(自動車)가, 인간의 고기 맛을 가장 잘 알고 있다. 그 증거가 바로, 저 비참한 교통사고(交通事故) 현장이다.

59
변호사(辯護士)는 죄(罪)를 사랑하고, 절대로 죄를 미워하지 않는 사람이다.

60
욕(辱)은, 극히 사회적이고 역사적이다. 개인이 창작한 욕은 없다. 욕은, 전부가 배운 것이다.

61
무관심(無關心)보다는, 차라리 미워하라. 미움은, 확실한 사랑의 증거(證據)다.

62
현대인(現代人)은, 숫자에 현혹되는 가장 무서운 미신(迷信)을 갖고 있다.

63
행복(幸福)은 획득되는 것이 아니라, **'창조(創造)'** 하는 것이다.

64
인간의 고독(孤獨)은, 본질적(本質的)이다. 자기가 자기를 반드시 알아야 하기 때문이다.

65
걸레가, 세상을 가장 깨끗하게 닦아낸다. 따라서 걸레 같은 놈이라고 욕(辱)하지 마라. 우리 모두는, 제발 **'걸레 같은 놈'** 이 어서 빨리 되어야 한다.

66
불행은, 더러운 집착(執着)에서 오는 중압감(重壓感)이다.

67
높은 보수(報酬) 때문에, 일이 저절로 신나는 것은 절대 아니다. 그러나 보통 사람들은, 그렇게 착각(錯覺)하고 사는 사람들이 대부분이다. 그러나 우리의 삶은 일이 있다는 그 차체가 바로, 행복이다. 일 없는 사람들의 그 절망을 보면, 곧바로 알 수 있다.

제6장

성(性)은,
삶의 가장 인자(仁慈)한 스승이다.

68
성(性)은, 삶의 가장 인자(仁慈)한 스승이다.

69
성(性)은, 병든 행복을 치료할 수 있는 가장 절묘한 묘약(妙藥)이다.

70
성(性)은, 가장 강력한 신(神)의 에너지(energy)다.

71
성관리(性管理)의 능력이, 바로 그 사람의 인간능력(人間能力)이다.

72
성문화(性文化)는, 그 사회문화(社會文化) 전체의 기틀이다. 성(性)이 개입하지 않은 문화(文化)는, 단 하나도 없기 때문이다.

73
성적(性的) 타락(墮落)은 개인의 타락이 아니라, 사회 전체의 타락이다. 로마(Roma)는 성적 타락으로 멸망한, 최초의 세계국가(世界國家)였다.

74
성(性)은, 생명을 만들기 때문에 윤리(倫理)의 본질(本質)이다.

75
문명(文明)의 근원적 원리(原理)는, 암컷과 수컷의 성적(性的) 모방이다. 그 한 예로, 자동차 한 대를 분해(分解)해 보면, 그 나사의 결합(結合)으로 확인 할 수 있다.

76
성(性)을, 남녀의 쾌락적 차원이 아니라 남녀가 서로 다른 세계라는, 높은 정신적(精神的) 차원으로 끌어 올려야 한다. 이럴 때, 성(性)은 참으로 고귀하고 성스럽다.

77
성(性)은, 인류(人類)가 보유한 최고의 재화(財貨)다. 생명보다 더 귀한 재화는 없기 때문이다.

78
세상에서, 성(性)만큼 큰 영향력(影響力)은 없다. 이 세상, 모든 생명의 근원(根源)이기 때문에 그렇다.

79
성관계(性關係)는 강요(強要)가 아니라, 자발(自發)이다. 민주주의의 실천과 성관계는, 서로 똑 같다.

80
성(性)은, 한낱 호기심(好奇心)과 쾌락(快樂)으로 시작해서, 끝내는 숭고(崇高)한 생명으로 승화(昇華)된다.

81
성(性)은, 정치 · 경제 · 문화 · 교육을 움직이는 최고능력(最高能力)이다.

82
성적(性的)인 쾌락은 아주 짧은 순간이지만, 성적인 부담(負擔)은 가장 긴 고통의 시간이다. 이것이 바로, 성(性)이 주는 무서운 경고(警告)다.

83
성관계(性關係)는, 새로운 생명을 위한 남녀(男女) 간, 또는 암컷과 수컷의 가장 아름다운 전쟁(戰爭)이다.

제7장

자연의 악(惡)보다,
인간의 선(善)이 더 잔인하다.
이것이 무위(無爲)와 인위(人爲)의 차이다.

84
자연의 악(惡)보다, 인간의 선(善)이 더 잔인하다. 이것이 무위(無爲)와 인위(人爲)의 차이다.

85
역사는, 악(惡)과 선(善)이 그려가는 한 폭의 아름다운 그림이다.

86
역사적으로, 악(惡)이 선(善)보다 더 위대하다. 악의 끝에서는, 반드시 새로운 평화(平和)가 왔기 때문이다.

87
악(惡)이 선(善)을 낳아 길렀다. 악은 악으로 끝나지 않고, 반드시 반성(反省) 끝에 선을 낳는다. 이것이 악(惡)의 긍정적 논리(論理)다. 그 한 예가 바로, 세계대전(世界大戰) 이후에 탄생한 저 세계평화의 상징, 'UN'이다.

88
악(惡)이, 선(善)보다 더 예술적(藝術的)이다. 우리의 감동(感動)이, 늘 악 쪽을 더 지지(支持)하고 있기 때문이다.

89
동양의 악(惡)은 다만 **'선(善)이 아니다'**로, 보다 부드럽게 존재했다. 진짜 악(惡)은 없었다. 그러나 진짜 악(惡)은 서양의 종교적 논리에서 태어난, 악마(惡魔) 같은 그 잔인한 종교전쟁(宗敎戰爭)이었다.

90
모든 예술은, 악(惡) 쪽에 더 많은 추파(秋波)를 던지고 있다. 인간의 잔인성이 노출되는, 한 예(例)다.

91
악(惡)이 없었다면 영화와 연극, 그리고 소설은 지금보다 훨씬 더 빈약하거나 줄어들었을 것이다.

92
선(善)은 고통이 먼저 오고, 악(惡)은 고통이 뒤에 온다. 둘 다 고통(苦痛)이다. 이것이 바로, 삶〈人生〉이다.

93
악(惡)하기 때문에, 생존(生存)할 수 있다. 먹이사슬을 보면 분명하다.

94
세상에서 가장 극적(劇的)인 벽(壁)이, 바로 교도소 저 높은 벽이다. 그 속에는, 세상의 모든 악역(惡役)들이 다 살고 있기 때문이다.

제8장

준비(準備)는, 파괴를 허락하는 신호(信號)다. 그 한 예(例)로, 새 집을 지을 준비가 다 된 사람만이, 헌 집을 마음껏 파괴할 수 있듯, 세상의 모든 이치(理致)가 이와 또 같다.

95
준비(準備)는, 파괴를 허락하는 신호(信號)다. 그 한 예(例)로, 새 집을 지을 준비가 다 된 사람만이, 헌 집을 마음껏 파괴할 수 있듯, 세상의 모든 이치(理致)가 이와 또 같다.

96
일을 놀이로 만들 수 있는 사람이, 가장 행복하고 가장 즐거운 사람이다.

97
똥(糞)은 자기의 존재를 냄새로 알려, 절대로 거짓말을 하지 않는다. 그래서 은폐된 세상에서는, 똥은 경멸의 대상이 아니라 존경(尊敬)의 대상이다. 이런 똥이 땅속에 묻히면, 그대로 저 과일들의 그 달콤한 자양(慈養)으로 변한다.

98
내일은 없다. 나는 오늘뿐이다. 이렇게 사는 길이 삶의 최선(最善)이다.

99
행복(幸福)은 항상, 나보다 아래를 바라보고 사는 일이다. 그러면 나는 가장 위쪽에서 감사하며 살 수 있다. 행복은 감사(感謝)만이, 오직 낳아 기를 수 있다. 행복과 불행의 차이는, 예컨대 100원과 99원의 차이다. 100원인 사람이 99원을 바라보면, 가장 위쪽에서 가장 행복하게, 하느님과 부모님, 그리고 모든 이웃에게 감사하며, 뇌에서는 연신 행복 호르몬이 쏟아질 것이다. 그리고 99원이 위쪽 100원을 바라보면, 가장 가난하게 항상 맨 아래쪽에서 바동대며 허우적거리는 그런 불행한 사람이 된다. 그러나 99원도 98원을 바라보면, 가장 위쪽에서 아무것도 부러울 것이 없는 가장 행복한 사람이 된다. 행복은 이렇게 우리의 아주 작은 1원의 생각이 만들어내는, 정신적 최고 **'창조물(創造物)'** 이다. 절대로 돈, 권력, 명예로써 구해지거나 얻어지는 것이 아니다. 행복은 애초부터 이 세상에 실체가 없는, 꿈같은 인간의 언어적 허구(虛構)다. 그렇기 때문에 내가 지금 처해 있는 그 현실을 가지고, 내가 바라는 가장 만족한 행복을 내 스스로 만들어 가지는 그 길 밖에, 또 다른 길은 없다. 그래서 행복은 삶의 **'정신적 최고 창조물'** 이다.

100
불만족(不滿足)은 또 다른 새로운 시작이고, 만족(滿足)은 오히려 그것으로 끝이다.

101
예, 참 좋군요. 그러나 아니야 혹시 몰라, 그래 다시 확인한 결과 틀림없어. 이렇게 3단계 사고과정(思考過程)만이, 속지 않는 유일한 방법이다. 이것이 바로 **'정(正)·반(反)·합(合)'** 의 삶의 논리다.

102
삶에서 조잡(粗雜)한 집착은, 인생의 범죄로 단언(斷言)해도 된다.

103

씨앗들이 저렇게 단단한 이유는, 그 속에 폭발하려고 하는, 엄청난 생명력을 품고 있기 때문이다.

104
똑 같이 띄운 종이배라도, 똑 같이 떠내려가지 않는다. 이것이 바로, 인생(人生)이다.

105
일이 없이 놀 때에는 많은 고민(苦悶)과 함께 있기 때문에 괴롭고, 일할 때는 많은 사람과 함께 있기 때문에 즐겁다.

106
밀가루는 반드시 물을 만나야, 빵이나 국수가 된다. 이것이 바로, 인연(因緣)이다.

107
끝이 시작을 낳고, 시작이 또 끝을 낳는다. 우리의 삶은, 이 발목 잡기 놀이에서 단 한치도 벗어날 수 없다.

제9장

삶은 모순(矛盾)이, 진실(眞實)이다. 삶은 논리로 설명할 수 없는, 매우 극적인 우연(偶然)과 서로 얽혀있는, 참으로 알 수 없는 신비(神秘)의 세계이기 때문이다.

108
삶은 모순(矛盾)이, 진실(眞實)이다. 삶은 논리로 설명할 수 없는, 매우 극적인 우연(偶然)과 서로 얽혀있는, 참으로 알 수 없는 신비(神秘)의 세계이기 때문이다.

109
행복(幸福)은, 불만족에 만족하는 기술이다.

110
자만(自慢)은, 행복의 한계(限界)다.

111
사랑은 알 수 없는, 가장 애매한 집착(執着)이다.

112
인내심(忍耐心)은, 그 사람의 최대의 유연성(柔軟性)이다.

113
과속(過速)은, 죽음을 가득 싣고 달리는 쾌락이다.

114
기회(機會)란, 긴장의 지속적인 묘미(妙味)다.

115
살다보면, 차라리 바보가 되고 싶을 때가 종종 있다. 이렇게 인생은 알다가도 모르는, 참 미묘한 것이다.

116
삶이란, 뜻대로 안 되는 것이 정상이다. 여기에 바로, 삶의 묘미와 신비(神秘)가 숨어있다.

117
삶의 최고 탄력성(彈力性)은, 고통(苦痛)이다. 고통을 모르는 기쁨은, 가장 무서운 가짜일 뿐이다.

118
불만족(不滿足)은 또 다른 강력한 삶의 에너지로 이용할 가치가 있지만, 그러나 만족(滿足)에는, 삶이 이용할 에너지가 별로 없다. 사실 만족이란, 삶에서는 얻어질 수 없는 한낱 **'언어적 허구'**다. 얻어질 수 없는 것을, 인간의 상상(想像)으로 만들어 낸, 참으로 안타까운 저 아득한 꿈일 뿐이다. 그러나 어쩌면? 저 동물들은 우리 인간들과는 완전히 달리, 100% 만족한 그런 삶을 살고 있을지도 모른다.

119
숫자로 만족하여 사는 오류(誤謬)가, 현대사회의 가장 치명적인 오류다.

120
반드시, 사랑이 감사를 낳고, 감사가 행복을 낳는다. 이들 관계는, 할머니와 어머니 그리고 딸의 관계와 같다. 그 역순(逆順)은 존재하지 않는다.

제10장

성(性)은, 인간의 가장 화려한 꽃이다.
그러나 그 꽃 속에는, 가장 무서운
인륜(人倫)이라는 독(毒)이 숨어있다.

121
성(性)은, 인간의 가장 화려한 꽃이다. 그러나 그 꽃 속에는, 가장 무서운, 인륜(人倫)이라는 독(毒)이 숨어있다.

122
진통(陣痛)은, 모든 어머니의 자격(資格)이다.

123
성(性)은, 인류 최고의 철학(哲學)이다. 성은, 곧 인류 생존의 문제(問題)이기 때문이다.

124
성적쾌락(性的快樂)은 생명(生命)을 영원히 유지(維持)시키기 위한, 가장 완벽한 신(神)의 작전전략(作戰戰略)이다.

125
인간의 성(性)은, 다른 동물의 성(性)에 비해 너무 과도하게 주어져 있다. 그것은 개체 보존의 능력에다, 쾌락적 능력을 더 많이 가미한 특제품(特製品)이다. 이 쾌락적 능력에 바로, 신(神)이 우리 인간을 특별히 사랑하는 비밀이 숨어 있다.

126
신(神)은, 저 흔한 성적쾌락(性的快樂) 속에 숭고한 생명을, 겁 없이 너무 많이 주렁주렁 매달아 놓고 있다. 탄생의 비밀은, 곧바로 쾌락의 비밀이다.

127
성(性)의 최고 가치는, 생명가치(生命價値)다.

128
성(性)은, 우주의 모든 생명을 생산(生産)하고 관리(管理)한다.

129
마찰력(摩擦力)이, 쾌감의 본질이다. 불〈火〉의 씨앗도 마찰에 있고, 생명의 씨앗도 성적(性的) 마찰에 있다.

130
성(性)은, 신(神)의 경고창치(警告裝置)들이 참 많다. 한 예로, 음모(陰毛)의 그 오묘한 암시성(暗示性)을 보면 알 수 있다.

131
성(性)은 낮게 취급하면 한없이 낮고, 높게 우러러보면 한없이 높다.

제11장

21세기는 영(0)과 일(1)의 세기(世紀)다.

132
21세기는, 영과 일의 세기(世紀)다.

133
21세기의 신(神)은, 영(0)과 일(1)이 될 것이다.

134
무한(無限)은, 영(0)과 일(1) 사이다. 없음과 있음의 거리이기 때문이다.

135
존재(存在)의 일체는, 영(0)에서 일(1)까지다.

136
남(男)과 여(女)의 차이는, 일(1)의 차이다. 유전자(遺傳子)가 만날 기회는, 단 한 번뿐이기 때문이다.

137
영(0)은 미지(未知)의 세계에서 활동 중이고, 일(1)은 현실의 세계에서 활동 중이다.

138
일(1)은 지금 움직이는 존재고, 영(0)은 앞으로 움직일 존재다.

139
영(0)과 일(1)은, 모든 존재의 운명(運命)이다.

제12장

시인의 정신〈詩精神〉은 언제나 가장 맑은,
저 깨끗한 물빛이다.

140
시인의 정신〈詩精神〉은 언제나 가장 맑은, 저 깨끗한 물빛이다.

141
시인의 고독한 독백(獨白)이, 세상을 다시 바꿀 수 있다.

142
시인의 적(敵)은, 언제나 하얀 백지(白紙)다. 그래서 시인은 연필 한 자루가 최고의 무기(武器)다.

143
시인의 궁극(窮極)은 언어(言語) 너머에 사는, 인간의 가장 순수(純粹)한 모습을 찾아오는 것이다.

144
시인의 눈빛은, 저 텅 빈 허공까지 살아서, 피(血)가 돌게 한다.

145
시인의 손〈pen〉은, 꿈〈夢〉과 하늘〈天〉을 술잔에 따라 마실 수 있다.

146
시인의 영감(靈感)은, 신(神)의 섬세한 목소리까지 다 알아들을 수 있다.

147
시인의 가슴은 바람소리까지, 연인(戀人)처럼 끌어안을 수 있다.

148
시인의 고독(孤獨)은, 저 돌멩이까지 춤추고 노래하게 한다.

149
시인의 생각은, 부처와 예수가 걸어온 저 허공(虛空) 같은 그 막연한 추상적(抽象的)〈宗敎的〉인 길을, 절대로 가지 않는다.

150
시인의 머릿속은, 늘 언어로 가득 찬 우주공간(宇宙空間)이다.

151
시인의 눈썹은, 지는 저 가을 낙엽(落葉) 따라, 내년 봄 다시 돌아올 그 파란 새싹이다.

152
시인의 젖가슴은, 언제나 단맛으로 주렁주렁 익어 가는 과일이다.

제13장

신(神)의 어머니는, 인간(人間)이다. 인간의 상상(想像)으로 신의 존재(存在)를 창조했기 때문이다. 예수(jesus) 그도, 신(神)을 창조한, 참으로 위대한 인간 중, 한 사람이다.

153
신(神)의 어머니는, 인간(人間)이다. 인간의 상상(想像)으로 신의 존재(存在)를 창조했기 때문이다. 예수(jesus) 그도, 신(神)을 창조한, 참으로 위대한 인간 중, 한 사람이다.

154
인간은 신(神)을 창조(創造)해 놓고, 인간의 그 모든 무지(無知)를, 신에게 완전히 다 맡겨 버렸다.

155
종교(宗敎)는 믿음이 아니라, 내 스스로 신(神)을 찾는 혼신(渾身)의 노력이다.

156
신(神)의 실체는 인간의 양심(良心)일 뿐, 그 밖의 신의 존재는, 언어의 상상적(想像的) 허구(虛構)다.

157
삶의 의미를 깨닫기 위해, 나에게 주어진 시간(時間)과 나에게 주어진 정신(精神)을 다 바친다면, 그것이 무엇이든지 위대한 종교(宗敎)가 된다.

158
나는 시인(詩人)이기 때문에, 시(詩)가 나의 종교(宗敎)요, 언어(言語)가 나의 신(神)이다.

159

언어(言語)는 인간의 영역이고, 무언(無言)은 신(神)의 영역이다. 신은 우리 인간의 언어를 전연 알아듣지 못한다. 그 수천 년 동안, 우리 인간의 그 간절한 기도(祈禱)가, 얼마나 우리를 속여 왔을까…?

160
신(神)은 깨달음의 대상이지, 결코 숭배(崇拜)의 대상이 아니다.

161
하느님은, 저 한 알의 작은 씨앗 속에 편안히 누워 계신다. 절대로 멀리 있지 않다. 내년 봄이 되면, 꽃피는 저 들판에서 감탄사(!)로, 직접 하느님을 확인하게 될 것이다.

162
저 아름다운 꽃에서, 신(神)**〈하느님〉**의 목소리을 들을 수 있다면, 그는 이미 위대한 시인(詩人)의 경지에 도달한 사람이다.

제14장

과학(科學)의 마지막 극치는, 재앙(災殃)이다.

163

저 잘난 현대 산업문명과 현대과학이, 지금 제아무리 인간의 그 뜨거운 칭찬을 받아먹고 아무리 튼튼하고 건강하게 살아도 그 마지막 극치는, 재앙(災殃)이다. 4차〈AI〉산업이다, 양자 컴퓨터다, 이른 것들이 인간의 미래(未來)를 가장 황홀하게 한껏 꿈꾸게 만들어도, 이것들이 오히려 인간의 멸망을 더 빨리 재촉하는 가장 무서운 재앙의 씨〈核〉가 될 수 있다. 아무리 늦어도, 지금부터 1세기 안에 어쩌면? 현대 산업문명과 현대과학이 낳은 그 재앙을 만날 수 있을지도 모른다. 우리 인간과 이 지구(地球)를, 부끄러운 데만 살짝 가린 그 원시인들이, 몇 만 년 동안 그 얼마나 건강하고 싱싱하게 이 우주(宇宙)를 잘 보존하고 지켜왔는가. 그런데 오늘의 현대 산업문명과 현대과학은 아직 2세기도 채 넘지 못하는 그 사이, 벌써 온통 희뿌옇게 공기와 지구와 날씨와 하늘과 그리고 사람의 마음까지 병들어, 지금 그 얼마나 고통스러워하고 있는가? 우리가 이렇게 깊이 병들어가는 이 실상(實狀)을, 지금 현재 두 눈으로 똑똑히 보고 있지 않는가! 더욱 편리하고 더욱 편안하고 더욱 빠르고 더욱 오래살고 더욱 잘 먹고 잘 사는 그런 삶의 문제가 아니라, 앞으로의 문제는 우리 인류 전체가 사느냐 죽느냐 하는 이 존망(存亡)의 문제가, 바로 우리 인류의 코앞까지 아주 바짝 다가왔기 때문이다. 지금 이 현재의 상태로도, 인류는 얼마든지 만족하게 살 수 있다. 그런데도 너무 빠른 속도로, 인류를 멸망시킬 그 상업주의(商業主義)가 욕심을 너무 부려, 앞으로 더 나가려고 하고 있기 때문이다. 이제 그만 **'이쯤'**에서 멈추고 살았으면 한다. 그래도 벌써 이미 늦었다는 생각이, 이 시인(詩人)의 가장 가슴 아픈 생각이다.

164
반드시 인간을 믿을 수 있을 때만, 과학도 믿을 수 있다.

165
철학(哲學)이 없는 과학은, 인간을 멸망시킬 가장 위험한 폭력(暴力)이다.

166
술은 누룩과 쌀이 만들 뿐, 과학이 만들지 못한다. 포도주는 포도가 만들 뿐, 과학이 만들지 못한다. 다만 과학이 그 결과(結果)를 분석(分析)하고, 제가 만든 것처럼 착각(錯覺)하고, 매우 거만하게 거들먹거린다.

167
과학의 힘으로는, 절대로 꽃과 열매를 만들 수 없다. 그러나 자연(自然)은, 제 마음대로 계절 따라 꽃과 열매를 만들 수 있다.

168
과학〈文明〉이, 벌써 인간을 가장 게으른 벌레로 만들고 있다.

169
100%의 자연과학은 바로, 자연(自然) 그 자체다. 이런 자연에, 절대로 과학이란 이름으로 손대지 마라.

170
자연과학은, 자연의 적(敵)이다.

171
인간 게놈(Genom)의 지도는, 이제 인간이 마지막 종착역에 도달했다는 빨간 신호(信號)다.

172
모든 물체(物體)는, 반드시 목적 외(外)의 목적으로 돌변할 수 있다. 현대 과학도, 그 위험성은 마찬가지다. 평화의 목적이, 언제라도 전쟁의의 목적으로 돌변할 수 있기 때문이다. 인간의 선의(善意)도, 그 위험성은 과학과 마찬가지다.

173
지금까지 인간을 위해, 자연이 존재한다고 생각해왔다. 당연하다. 그러나 앞으로는 자연을 위해, 인간이 존재한다고 생각해야 한다. 이것이 바로, 과학이 우리 인간에게 준 가장 큰 충격(衝擊)이다.

제15장

적게 가진 고민(苦悶)보다,
많이 가진 고민이 더 크다.
권력(權力)도 마찬가지다.

174
적게 가진 고민(苦悶)보다, 많이 가진 고민이 더 크다. 권력(權力)도 마찬가지다.

175
침묵(沈默)하는 사람은, 절대로 가만히 있는 사람이 아니다. 그는 지금, 무슨 일을 열심히 꾸미고 있는 사람이다.

176
저 모든 바위가, 지금 다 숨 쉬고 살아있다. 그것은 조각가(彫刻家)가 있기 때문이다. 이것이 바로, 예술(藝術)의 힘이다.

177
독(毒)이, 약(藥)이 될 때가 영약(靈藥)이다. 명의(名醫)는, 그것을 잘 알고 있는 사람이다.

178
아쉬움과 미련은 다르다. 아쉬움은 깨끗이 버리고 떠나는 산뜻한 뒷모습이고, 미련은 버리지 못하고 움켜쥐고 끙끙거리는 추한 앞모습이다.

179
어리석은 사람은 자신의 비판(批判)에는 게으르고, 타인(他人)의 비판에는 예리(銳利)하다.

180

놀랍다는 것은, 헛것에 도달하는 쾌락(快樂)이다. 놀라운 세상에, 놀라운 사람들이 너무나 많다.

181
영원(永遠)을 많이 확보하는 사람이, 가장 큰 부자(富者)다. 졸부(猝富)는, 내일이라도 단장 고기가 될 살찐 돼지에 불과하다.

182
경찰(警察)이나 검찰(檢察)은, 반드시 범인(犯人)을 존중(尊重)해야 한다. 범인이 있기에, 그들이 존경받을 수 있다. 지금이라도 당장 범인이 하나도 없다면, 그들은 무용지물(無用之物)이 되기 때문이다.

183
포장(包裝)이 화려하고 아름다울수록, 반드시 그 내용물을 뜯어봐야 한다. 가짜의 속성(屬性)은, 언제나 포장이 화려하고 아름답다. 사람도 마찬가지다.

184
이 세상의 모든 깨끗함은, 반드시 걸레의 희생에서 탄생한다. 걸레는, 절대로 병약(病弱)하거나 죽지 않는다. 언제라도 다시 힘차게 일어나, 더러운 곳에 가장 깨끗하게 도전(挑戰)한다.

185
미끼는, 가장 배고픈 놈이 먼저 문다. 그러나 요즘은, 별미

(別味)를 찾는 놈이 가장 먼저 문다. 그 동안, 미끼의 맛과 색깔이 너무나 많이 변했기 때문이다. 참으로, 낚시꾼만 좋은 세상이다.

제16장

신(神)의 최고 예술품은, 여성(女性)이다.
그러나 남성(男性)도 여성 못지않게,
신의 가장 위대한 걸작(傑作)이다.

186

신(神)의 최고 예술품은, 여성(女性)이다. 그러나 남성(男性)도 여성 못지않게, 신의 가장 위대한 걸작(傑作)이다.

187

남성이 여성과 같이 있을 때는, 처음부터 끝까지 어머니를 포기하지 않는다.

188

남녀의 성적(性的) 관계는, 불만족을 통해 만족을 찾아가는, 긴 인내의 여정(旅程)이다.

189

남녀의 관계는, 인격적(人格的) 관계를 거쳐 성적(性的) 관계로 들어가야 한다. 그 반대는, 잔인한 폭력이다.

190

남성들이여! 여성들을, 쾌락(快樂)의 창고(倉庫)로 보지 마라라. 그들은 쾌락의 창고가 아니라, 새로운 우주를 탄생시키는 생명의 창고(倉庫)다.

191

여성은 성(性) 관리에 따라 가장 숭고(崇高)하기도 하고, 가장 비천(卑賤)하기도 하다. 남성도 또한 여성과 마찬가지다.

192

여성은 딸, 며느리, 시어머니의 3단계 순서는 당위(當爲)요 필연(必然)이다. 이것은 태어난 숙명(宿命)이다. 그런데 우리 한국 여성은, 이것을 잘 모른다. 딸은 내가 막 배 아파 낳은, 내 딸이라서 좋고, 며느리는 내 딸이 아니라서 싫다는 확고한 논리(論理)다. 이것은, 하나밖에 모르는 동물이다. 한국 여성의 철학(哲學)은, 이 3단계 과정을 확실하게 아는 것이다.

193
옛날의 성교육(性敎育)은, 개〈犬〉나 소〈牛〉가 가장 자연스럽게 시켰다. 이것이 바로, 참교육이다.

194
부부(夫婦)의 행복(幸福)은, 성관리(性管理)에서 온다.

195
여성은, 변장술(變裝術)에 능하다. 이것이 바로, 남성과 다른 매력이다.

196
남성의 성(性)은, 가장 크게 화(火)가 났을 때만 비로소 여성에게 칭찬 받는다. 이것이 바로, 남성의 최고 자존심이다.

197
여성이 남성을 바라보는 시선(視線)은, 언제나 예언적(豫言的)이다.

198
여성이 옷을 벗기 시작하면, 그때부터 남성의 인내(忍耐)는 드디어 시작된다.

199
남성이 여성을 느낄 때는 손끝으로 느끼려 하고, 여성이 남성을 느낄 때는 온몸으로 느끼려 한다.

200
모든 막대와 구멍은, 가장 아름다운 성적(性的) 언어를 상상(想像)해 낸다.

201
여성을 낚을 때는 돈으로 낚고, 남성을 낚을 때는 권력(權力)으로 낚는다. 이것이 바로, 월척(越尺) 하는 세속(世俗)의 낚시다.

제17장

비논리의 논리학이, 신학(神學)이다.
존재하지 않는 것을 존재하게 만들고,
그것을 또 반드시 믿게 만드는 논리(論理)가
바로, 신학이다.

202
비논리의 논리학이, 신학(神學)이다. 존재하지 않는 것을 존재하게 만들고, 그것을 또 반드시 믿게 만드는 논리(論理)가 바로, 신학이다.

203
종교는, 논리(論理)보다 더 높은 차원의 우리의 무지(無知)다.

204
저 멀리 작은 새 한 마리가, 허공(虛空)에 날아올라 땅에 내려앉는다. 그 사이에 커다란, 포물선(抛物線) 눈썹이 하나 생긴다. 그 포물선 눈썹 아래 커다란 눈동자가, 나를 바라보고 있음을 깨달았을 때, 그때 비로소 내 앞에 신(神)의 존재가 탄생(誕生)한다.

205
신(神)의 능력으론, 하루살이를 저 코끼리만 하게 얼마든지 만들 수도 있었다. 그러나 그렇게 작게 만든 이유는, 인간을 우주의 중심에 놓기 위한, 가장 뜨거운 배려 때문이다.

206
하느님은 그 큰 눈으로, 나의 행동과 나의 마음을 일일이 하느님의 수첩(手帖)에 빠짐없이 기록하고 있다. 이것이 바로, 내 삶의 확고한 믿음과 신념(信念)이다.

207

신(神)이 내게 준, 커다란 거울이 하나 있다. 그 거울이 바로, 나의 죽음이다. 삶의 진실은 오직, 그 거울에서만 볼 수 있다.

208
우리가 존재하는 가장 확실한 진실은, 언제나 역설(逆說)이다. 성경(聖經)〈Bible〉은, 그 역설의 최고 걸작이다. 신(神)은, 역설 뒤에 숨어 사는 가장 신비한 존재다.

209
우연(偶然)은, 신(神)의 지속적인 관심(關心)이다.

210
내일을 버리고, 오늘만 살아라. 내일은 신(神)의 몫이다.

211
영감(靈感)은, 접신(接神)의 순간이다.

212
전쟁을 먹고 자라온, 세계의 종교(宗敎)들이여! 이제 스스로, 그 철갑(鐵甲)의 껍질을 깨라. 신(神)의 집은, 더 넓은 자유(自由)일 뿐, 결코 서로 뜨거운 불꽃을 물고 으르렁거리는, 그런 증오(憎惡)가 아니다. 21세기 우리는, 이제 새로운 신(神)을 찾고 있다. 그 신(神)이, 아직은 무엇인지 잘 모른다.

제18장

시인(詩人)은 그 죽음까지,
영원히 가장 아름다운 사람이다.

213
시인은 그 죽음까지, 영원히 가장 아름다운 사람이다.

214
시인은 자연을 동냥하려 다니는, 가장 깨끗한 거지다.

215
시인은 신(神)의 이마에다, 인간의 그 고된 삶〈人生〉을, 가장 아름답게 조각(彫刻)하는 사람이다.

216
시인은 시간의 목을 죽을 때까지 비틀고, 저 영원(永遠)을, 자기 아내로 삼는 사람이다.

217
시인은 언어의 의미까지 지배하여, 그 제왕(帝王)으로 군림(君臨)하고 싶은 독재자다.

218
시인은 자유(自由)를 먹고 타락한, 가장 아름다운 꽃이다.

219
시인은 인간의 약점(弱點)을, 최고의 아름다움으로 만드는 사람이다.

220
시인은 모국어(母國語)의 문법(文法)을, 새롭게 만드는 사람이다. 만약 모국어의 새로운 문법을 만들지 못한다면, 그는 어떤 이름으로도 시인(詩人)이라 할 수 없다.

221
시인은 신(神)의 존재와 권위(權威), 끝없는 우주의 그 넓은 공간까지, 사색(思索)의 고 작은 찻잔(茶盞)에 타서 마시는, 참으로 오만한 창조자다.

222
시인은 하늘과 소꿉을 살다가, 그만 깊이 잠들어버린 어린아이다.

223
시인은 목구멍으로, 이글이글 타는 감정을 마시고, 그만 벌겋게 취해 한없이 비틀거리는 사람이다.

224
시인은 제 영혼(靈魂)을, 늙은 개처럼 끌고 다니며, 가장 황홀하게 학대(虐待)하는 사람이다.

225
시인은 존재의 시작과 끝을 교미(交尾)시켜, 비존재(非存在)〈想像〉의 생산(生産)에 몰두하는 사람이다.

226
시인은 우주 공간보다 더 넓은 인간의 꿈속을, 연필 한 자루로 탐험하는 우주탐험가(宇宙探險家)다.

227
시인은 인간의 슬픔과 기쁨을 하늘에 타서 마시고, 취하여 저 혼자 불꽃처럼 막 이글이글 소리치는 사람이다.

228
시인은 예리한 감정의 칼끝으로 인간의 가슴에다, 자연의 그 미소(微笑)를 가장 향기롭게 조각(彫刻)하는 사람이다.

229
시인은 상상(想像)의 그 무기로, 인간과 자연의 기존질서(旣存秩序)를 파괴(破壞)하고 해체(解體)하는, 가장 난폭한 창조적(創造的) 폭군(暴君)이다.

제19장

비논리적(非論理的) 차원이, 바로 정신적(精神的) 차원이다.

230

비논리적(非論理的) 차원이, 바로 정신적(精神的) 차원이다.

231

사랑은 논리(論理)보다, 비논리(非論理)일 때 가장 고귀하다.

232

삶의 선택에는, 두 가지 논리(論理)가 있다. 하나는 '**아프기 때문에 그 아픔을 참아야 한다.**'와, '**아프기 때문에 그 아픔을 절대로 참지 말아야 한다.**'의 이 두 가지 논리다. 앞의 것은 자연의 논리고, 뒤의 것은 인간의 논리다. 그런데 앞의 논리에는, 오류(誤謬)가 전연 없으나, 뒤의 논리에는 그 적용에 여러 조건(條件)의 오류(誤謬)가 많다. 그러나 어느 논리의 삶이든, 그것은 선택(選擇)의 자유(自由)다.

233

더러운 부정(不正)의 삶은, 깨끗한 정직(正直)의 삶보다 어쩌면? 훨씬 더, 명쾌하고 논리적이다. 이렇듯 잘못된 논리의 오류는, 고귀한 한 인간의 미래와 희망을 완전히 죽일 수도 있다. 그 흔한 한 예로, "**나는 가난하기 때문에, 남들보다 더 잘 살기 위해 도둑질을 했다.**"와 같은 논리가 바로, 그 명쾌한 부정의 논리다.

234

위대한 부정적(否定的) 논리는, 그 마지막엔 반드시 모두가

다 인정하는, 가장 황홀한 긍정적(肯定的) 결론에 도달하기 위한 것이다. 부정의 논리가 부정으로 끝나버리면, 그것은 참으로 비참한 비극(悲劇)이다.

235
그 어떤 논리든 **'만약 ~이라면'** 하고 그 가정적(假定的) 전제(前提)가 들어가면, 그것은 논리가 아니라 악질적 거짓 선전(宣傳)이거나 선동(煽動)이다. 누구든 절대로 **'만약 ~이라면'** 하는, 이 가정적 가짜 논리에 속지 말아야 한다. 주로 정치적(政治的)) 선전이나 선동에 많이 쓰이는, 만병통치약(萬病通治藥) 같은 그런 속임수 논리다. 잘 못된 논리는 무서운 죄(罪)를 옹호하는, 가장 잔인한 살인적 폭력(暴力)이다.

제20장

상식(常識)은 대중(大衆)의 법도고,
비약(飛躍)은 천재(天才)의 법도다.

236
상식(常識)은 대중(大衆)의 법도고, 비약(飛躍)은 천재의 법도다.

237
사업(事業)의 천재(天才)는, 가장 정직한 사람이다.

238
시(詩)〈藝術〉는, 천재의 산물이다. 천재는 이론과 논리를 뛰어넘어, 직감(直感)으로 완성에 즉시 도달하는 사람이다. 좋은 시는, 천재만이 쓸 수 있는 유일한 특권이다.

239
천재일수록, 인간의 무능(無能)을 살아있는 신(神)처럼 느낀다.

240
천재는, 보이지 않는 뒤쪽을 보는 사람이다. 그쪽에, 예술(藝術)과 철학(哲學)이 숨어 있기 때문이다.

241
천재(天才)는, 불가능을 가능으로 만들려는 가장 끈질긴 불굴의 사람이다. 그러나 천재는, 자기가 천재인 줄을 전연 모르고 오직 노력할 뿐이다. 만약 자기가 자기를 천재라고 생각한다면, 이미 그 사람은 천재가 아니라 가장 모자라고 가장 한심한 바보다. 그런 사람은, 오히려 세상에 없는 것만 못하다.

242
밝은 쪽은 일의 세계고, 어두운 쪽은 사색(思索)의 세계다.

243
보이는 앞쪽은 시끄러운 사람들의 투쟁(鬪爭)과 경쟁(競爭)의 몫이고, 보이지 않는 뒤쪽의 고요는, 천재들의 창조적(創造的) 몫이다.

244
아버지가, 가장 못난 사람이라도 좋다. 그 아들이 아버지처럼 되지 않으려고만 한다면? 그 아버지는, 아들의 최고의 스승이 될 수 있다. 왜냐하면, 그 아버지를 뒤집어 놓으면 바로, 아들이 가야할 길이 힘차게 보이기 때문이다. 이런 집안은, 참으로 역사적(歷史的)이다.

245
저 큰 노송(老松)도, 아주 작은 솔 씨에서 출발했다. 작은 것 속에, 모든 큰 것의 최초(最初)가 있다. 정자(精子)와 난자(卵子) 속에, 내〈我〉가 있었다.

제21장

땅은, 저축(貯蓄)의 왕이다.
모든 생명의 먹거리를, 하나도 빠짐없이
다 준비하고 있기 때문이다.

246
땅은, 저축(貯蓄)의 왕이다. 모든 생명의 먹거리를, 하나도 빠짐없이 다 준비하고 있기 때문이다.

247
농업(農業)은, 땅의 철학(哲學)을 실천하는 종교(宗敎)다.

248
지난 천년(千年)은, 하늘의 철학(哲學)이었다. 그래서 추상적(抽象的)인 천년이었다. 앞으로 천년은, 땅의 철학이다. 그래서 구체적(具體的)인, 천년이 될 것이다.

249
땅은, 하늘의 비〈雨〉를 자기 입맛대로 요리(料理)하는 최고의 요리사다.

250
땅은, 인간과 하늘에 늘 어머니 같은 젖꼭지를 물려놓고 있다.

251
절망(絕望)이 없는 세계는, 오직 땅속뿐이다.

252
새〈鳥〉는, 하늘을 날아도 땅을 보고 난다. 결코, 하늘을 보고 날지 않는다. 모든 먹이는, 다 땅 위에 있기 때문이다.

253
땅은, 절대로 실수(失手)하지 않는다. 다만, 인간의 실수가 있을 뿐이다.

254
땅이여! 땅이여! 허무(虛無)를, 가장 위대한 생산(生産)으로 이끄는 땅이여! 나도, 언젠가는 성스러운 그대 곁으로 곧 돌아가리다.

255
땅은, 시샘으로 죽은 누이의 전설(傳說)을 늘 기억(記憶)하고 있다.

256
땅은, 늘 인간 앞에 기도(祈禱)하며 경건(敬虔)히 엎드려 있다.

257
땅은, 다 주고 난 다음의 빈손을 늘 자랑하고 있다.

258
땅의 언어(言語)가, 풀과 나무다. 그 언어로 쓴 시(詩)가 바로, 봄[春]이 찾아오는 저 황홀한 그 푸른 들녘이다.

259
여성은 땅이고, 남성은 하늘이다. 이 신화(神話)는, 신화가 아니라 영원히 살아있는 인간의 경험철학(經驗哲學)이다.

260
땅은, 해마다 계절(季節)에게 새 옷을 입혀놓고, 어머니처럼 흐뭇해하고 있다.

261
훅 불면 날아갈, 한 줌의 흙이여! 바로, 당신이 살아있는 부처다.

262
땅은, 믿음의 대상이지 경영(經營)의 대상이 아니다. 믿음은 종교(宗敎)요, 경영은 이윤(利潤)이다.

제22장

눈물만큼,
인간의 순수(純粹)한 언어는 아직 없다.

263
눈물만큼, 인간의 순수(純粹)한 언어는 아직 없다.

264
침묵(沈默)은, 언어다. 가장 섬세하고 가장 아름다운, 언어다. 그 언어로 쓴 책(冊)이 바로, 저쪽 돌부처의 저 소미(微笑)다. 그 미소 속에는, 이 나라 오천년 그 모든 삶의 깨달음이, 다 기록(記錄)되어 있다. 오직 스님과 시인(詩人)만이, 그 침묵의 언어를 읽을 줄 안다.

265
진실(眞實)은, 항상 언어 너머에 홀로 살고 있다. 오직, 신(神)만이 초대할 수 있는 유일한 손님이다.

266
말〈언어〉은, 진실을 배신(背信)하는 경우가 더 많다. 그래서 말과 진실은, 늘 서로 긴장(緊張) 관계에 있다.

267
언어 속에는, 진실보다 속임수가 더 많다. 말 많은 사람은, 그만큼 속임수에 능하다.

268
몇 줄의 짧은 글이, 지금까지 역사(歷史)를 바꾸어 왔다. 결코, 긴 글이 혁명(革命)을 일으킨 적은 단 한 번도 없다. 이렇게 혁명적 자극(刺戟)은, **'몇 줄의 짧은 글'** 또는 **'몇 줄의 짧은 구호(口號)'** 속에 항상 숨어 있다.

269
행복(幸福)은, 언제나 가정(假定)〈꿈〉이다. 그러기에, 언어 속에 보다 화려(華麗)하게 살고 있다. 희망(希望)도, 또한 마찬가지다.

270
인간들이여! 저 저주스런 언어를, 완전히 버려라. 그런 다음에, 무릎을 꿇고 진실 앞으로 오라! 그것이 바로, 구원(救援)받는 길이다.

271
모든 열매에는, 반드시 알맹이와 껍질이 있다. 말〈언어〉의 열매에도, 알맹이와 껍질이 있다, 그러나 말의 열매에는, 대부분 빛깔 고운 화려한 껍질뿐이고 진작 그 속엔 알맹이가 없는 경우가 더 많다. 말의 알맹이는, 신뢰(信賴)와 진실(眞實)이다. 특히, 정치가의 말에는 대부분 알맹이 없는 화려한 빈 껍질뿐이다. 우리는 그 달콤한 정치가의 말에, 절대로 속지 말아야 한다.

272
'정말이다', '정직하다', '솔직하다', '틀림없다', '이것은 절대 거짓말이 아니다', '참말이다', '내 말을 꼭 믿어 달라' 등의 꼬리표가 붙은 말은, 반드시 확인(確認)해봐야 한다. 모든 배신(背信)는 언제나, 항상 가장 믿었던 놈〈者〉이 하기 때문이다.

273
거짓말은 습관적(習慣的)이거나, 아니면 직업적(職業的)일 때가 가장 많다.

274
하느님의 가장 구체적인 언어가 바로, 아무도 모르게 찾아오는 저 구원(救援)의 손길이다.

제23장

유(有)보다, 무(無)가 더 역동적(力動的)이고 창조적(創造的)이다. 없어져야, 또 새로운 것을 만들 수 있고, 비워야 또 가득 채울 수 있기 때문이다. 전통적으로 동양의 세계관은 무(無)의 세계관이고, 서양의 세계관은 유(有)의 세계관이다. 앞으로의 미래는 서양보다, 동양이 더 희망적이다.

275
유(有)보다, 무(無)가 더 역동적(力動的)이고 창조적(創造的)이다. 없어져야, 또 새로운 것을 만들 수 있고, 비워야 또 가득 채울 수 있기 때문이다. 전통적으로 동양의 세계관은 무(無)의 세계관이고, 서양의 세계관은 유(有)의 세계관이다. 앞으로의 미래는 서양보다, 동양이 더 희망적이다.

276
허무(虛無)는, 삶에서 최고의 강력한 힘이다. 인생은 허무하기 때문에, 우리는 절대로 허무하게 살지 말아야 한다. 이 역설(逆說)이 바로, 허무의 힘이다.

277
허(虛)와 무(無)는, 우주(宇宙)의 가장 강력한 생산적 실천(實踐)이다.

278
무(無)는, 유(有)의 적(敵)이다. 이럴 때 그 하얀 백지(白紙) 위에 글은, 적〈白紙〉과 싸우기 위해 끝까지 써지는 것이다. 이것이 바로 세상에 태어난, 우리의 그 시(詩)와 소설(小說)이다.

279
없음[無]은 창조적 에너지고, 있음[有]은 소비적(消費的) 에너지다.

280

동양(東洋)이 가지고 있는 최고의 재산은, 허(虛)와 무(無)다. 이것은, 텅 빈 저 우주공간을 다스리는 권력(權力)이다. 이 허와 무가, 바로 서양(西洋)과 다른 동양의 강력한 창조적 힘〈에너지〉이다.

281
허(虛)와 무(無)는, 영원한 생산(生産)이다. 없어야, 가득 채우는 생산이다. 비우지 않으면, 절대로 다시 가득 채우지 못한다.

282
기쁨은, 항상 없음〈無〉을 아는 사람의 미래(未來)다.

283
겸손(謙遜)은, 나를 비울 때 오는 즐거움이다.

284
허무(虛無)는, 인간의 만유인력(萬有引力)이다. 인간은 그 힘으로, 저 무한히 텅 빈 우주(宇宙)를 끌어당긴다.

285
무(無)까지 소유(所有)하고 나면, 더 이상 소유할 것이 없다. 이때가 바로, 나의 영원(永遠)이다.

286
삶의 본질(本質)은, 혼돈(混沌)이다. 혼돈은 없음의 있음이고, 있음의 없음이다.

287
나는, 지금 나이 60세다. 지금으로부터 60년 전으로, 다시 돌아가 본다. 부모의 정자(精子)와 난자(卵子)를 지나면, 나는 그만 갈데없는 아득한 혼돈(混沌)이다. 나는, 바람이거나 구름일 뿐이다. 죽음은 다시 그쪽〈混沌〉으로 콧노래 부르며, 즐겁게 돌아가는 것이다. 그래서 죽음을 '**돌라가셨다**' 한다.

288
모든 현상(現象)〈***存在***〉의 고향은, 혼돈(混沌)이다. 그 한 예(例)로, 자동차(自動車)의 고향(故鄕)이 바로, 저 쇳물인 것과 같다.

289
쓰고 지우고, 지우고 또 쓰고, 이렇게 하는 것이 노력(努力)이다. 노력은, 유(有)와 무(無)의 끝없는 생산적(生産的) 리듬이다.

제24장

불의(不義) 앞에 용기(勇氣)
있는 분노(忿怒)가, 죽지 않는
영원한 역사의 생명력(生命力)이다.

290

불의(不義) 앞에 용기(勇氣) 있는 분노(忿怒)가, 죽지 않는 영원한 역사(歷史)의 생명력(生命力)이다.

291

어둠 속에서만, 촛불은 빛으로 승화(昇華)될 수 있다. 애국지사(愛國志士)는, 어두운 시대에 태어난 촛불이다.

292

최고의 부패(腐敗)는, 최고의 비극(悲劇)만이 오직 약(藥)이다. 혁명(革命)도 그 한 예(例)다.

293

침묵(沈默)은, 최고의 경고(警告)다. 폭풍 전야(暴風前夜)의 상황과 똑 같다.

294

면도(面刀)를 해보면, 국가의 통치방법(統治方法)을 잘 알 수 있다. 부정부패(不正腐敗)도, 내 얼굴의 수염(鬚髥)처럼 늘 그렇게, 매일 매일 끝없이 시꺼멓게 자라나기 때문이다.

295

높은 곳으로 오를수록, 더 불안(不安)하다. 높은 곳의 바람은, 낮은 곳의 바람보다 더 강하다. 권력남용(勸力濫用)이나 부정부패(不正腐敗)도, 일종의 바람에 몹시 흔들리는 현상이다.

296

정치(政治)는 음식의 깨소금 같은 역할(役割)인데, 어쩐지? 요즘, 이 나라 정치를 보면, 자꾸만 밥에 씹히는 가장 불쾌한 돌〈石〉같다.

297

높은 곳의 열매는 땅에 떨어지면, 여지없이 깨어지고 만다. 이것이 바로, 최고권력(最高權力)의 불안(不安)이다.

298

비누는, 때의 적(敵)이다. 이 나라는, 비누가 제일 무서운 나라다.

299

세상에는, 언제나 더럽고 비겁(卑怯)한 놈이 위대하다. 이것이 바로, 역사(歷史)의 치명적 오류(誤謬)다.

300

언제나, 썩은 놈이 앞장서서 설친다. 이 나라는 역사적(歷史的)으로, 그런 놈의 천국이다. 이제는, 이 비극(悲劇)을 희극(戲劇)으로 바꿀 때가 왔다.

301

역사는, 기록(記錄)이 본질이다. 그러나 그 기록에 너무 집착하여 과욕(過慾)을 부리면, 자칫 가장 화려한 거짓말이 될 수 있다. 그러면 그 역사(歷史)는, 영원히 가장 더러운 소설(小說)이 될 수밖에 없다. 개인의 역사도, 마찬가지다.

제25장

자연(自然)은,
그 표정(表情)만으로 언어를 만든다.

302
자연(自然)은, 그 표정(表情)만으로 언어를 만든다.

303
농부가 자기 집 사과나무와 이야기를 도란도란 나눌 수 있을 때, 그 농부는 최고의 경지(境地)에 도달한다. 그것이 바로, 예술(藝術)의 경지다.

304
사랑의 이별(離別)은, 그 사람을 만나듯 바람[風]과 늘 대화(對話)할 수 있을 때, 가장 고귀한 이별이다.

305
하루의 행복(幸福)은, 저 맑은 아침 하늘을 바라보는 데에서부터 시작된다.

306
장미(薔薇)가시가 꽃보다 더 잘 보일 때, 그 사람은 이미 몹시 분노(忿怒)해 있는 사람이다.

307
꽃은, 자연의 표정(表情) 중에서 으뜸이다. 그 표정 속에서, 시(詩)와 노래가 퐁퐁 샘물처럼 흘러나오기 때문이다.

308
위대한 철학자(哲學者)가 되기는, 매우 쉽다. 그것은 자연을, 하나만 닮으면 된다. 햇빛도 좋고, 달빛도 좋다. 새도

좋고, 나비도 좋다. 작은 풀벌레도 좋고, 흔들리는 갈대도
좋다. 그러나 삶에서 쉬운 것은 단 하나도 없다는 사실이,
또한 인간이 깨달아야 할 최고의 철학(哲學)이다.

309
가장 건강한 까치가, 가장 좋은 과일을 파먹는다. 이것이
바로, 건강의 특권(特權)이다.

310
인간의 최고 스승은, 자연(自然)이다. 자연은 침묵(沈黙)
만으로, 인간을 최고의 완성(完成)에 이르게 한다. 이것은,
자연의 특별한 비법(秘法)이다.

311
꽃에서 자연의 언어가 들린다면, 그는 이미 세상에서 가장
위대한 시인(詩人)이다. 들리는 자연의 언어를 그대로 옮기
면 그게 바로, 가장 아름다운 시(詩)이기 때문이다.

312
예술의 최고 경지는, 반드시 자연에 비유(比喩)된다. 자연
은, 그만큼 완벽한 예술이다.

313
학교가, 필요 없다. 배우겠다는 마음이, 가장 훌륭한 학교
이기 때문이다. 그러면 돌멩이나 소나무, 무심히 흐르는 저
뭉게구름이나 지렁이, 눈에 보이는 모든 자연일체가, 다 책
이요 위대한 스승이 되기 때문이다.

314
눈〈雪〉은 사람들을 막 들뜨게 하면서도 녹으면 점점 더 더러워지고, 비〈雨〉는 사람들을 한없이 쓸쓸하게 하면서도, 점점 깨끗해진다. 눈은 이 더러운 세상을 살짝 덮어버리고, 비는 물〈水〉로 이 더러운 세상을 깨끗이 쓸어내기 때문이다.

315
가장 위대한 정치(政治) 지도자(指導者)는, 허공(虛空)을 스승으로 삼아야 한다. 허공만큼, 완벽한 민주주의는 없기 때문이다. 마음껏 나는, 새〈鳥〉들의 저 신나는 자유비상(自由飛翔)을 보면 알 수 있다.

316
나무가, 말 못한다는 것은 오해(誤解)다. 나무는 꽃과 열매로, 그리고 잎과 가지로 열심히 말하고 있다. 다만, 그것을 알아듣지 못하는 사람들이 많을 뿐이다.

317
새〈鳥〉가 날아, 허공(虛空)을 칼질하고 있다. 그러나 그 허공은, 결코 찢어지지 않는다. 인간도 저 허공 같은, 그런 빈 마음의 세계를 갖고 살아야 한다.

제26장

진짜 채찍은 오직 자책(自責)의 채찍,
이것 하나뿐이다.

318
진짜 채찍은 오직 자책(自責)의 채찍, 이것 하나뿐이다.

319
똥[糞]처럼, 정직(正直)한 것은 없다. 그것은 어느 곳에 있든지, 자기를 정직하게 알리고 있다. 인간들이여! 과연, **'저 똥 같은 놈'** 이라고 욕할 수 있을까…?

320
인간의 속성(屬性)은 끝없는 탐욕(貪慾)이고, 흙〈**땅**〉의 속성은 끝없는 아량(雅量)이다. 그래서 인간은, 반드시 흙에서 배워야한다.

321
기계(機械)는, 절대로 거짓말하지 않는다. 다만, 아프면 저 혼자 고장(故障) 날 뿐이다.

322
증오(憎惡)의 그 시퍼런 칼끝을 녹여, 달콤한 자양분(滋養分)으로 만드는 곳이 바로, 인간의 양심(良心)이다.

323
부엌의 행주는, 음식의 모든 더러운 찌꺼기를 자기의 운명(運命)처럼 움켜쥐고, 다시 맑은 물속에 깨끗이 뛰어든다. 이것이 바로, 참다운 용기(勇氣)다.

324

불과 물은, 가장 난폭(亂暴)한 힘을 갖고 있다. 그러나 인간은, 이것을 가장 온순하게 길들일 수 있다. 이것이 바로, 인간의 힘이다.

325
너무 지나친 자존심(自尊心)은, 못난 사람의 소유물(所有物)이다. 즉, 자존심 속에는 못난 것을 잔뜩 감출 수 있는, 아주 커다란 주머니가 하나 달려있기 때문이다.

326
세상에서 가장 아프게 슬픈 곳은, 인간들의 그 온갖 황홀한 삶의 행복한 것들이 한데 모여 썩고 있는, 저 하수구(下水口) 속이다. 하늘에 무수한 별들이 있듯, 삶의 그 황홀한 무수한 행복한 별들이, 저 하수구 속에서 지금 가장 지독한 악취(惡臭)로 썩고 있다. 어쩌면? 보이지 않는 우리 인간들의 삶의 그 뒤쪽 내면세계(內面世界)도, 혹시 저 하수구를 닮지는 않았을지…?

327
행복(幸福)은, 쓰레기로 측정(測定)된다. 불행(不幸)한 사람은, 쓰레기가 적다. 행복은, 쓰레기를 만드는 작업이다. 그러나 이것은, 가장 세속적인 행복론(幸福論)이다. 최고의 행복은, 쓰레기를 전연 만들지 않는다. 행복은 바로, 인간의 **'정신적 창조물(創造物)'**이기 때문이다.

328
연필(鉛筆) 한 자루의 위력(威力)이, 핵폭탄의 위력을 지배

할 수 있다. 이것이 바로, 인간의 위력이다.

329
내가 죽어서 연기(煙氣)가 되고, 연기가 다시 구름이 되고, 구름이 다시 비가 되고, 비가 다시 식물이 되고, 식물이 다시 동물이 되고, 동물이 다시 내가 되고, 내가 놀이 삼아 이렇게 한 바퀴, 삶의 그 우주공간(宇宙空間)을 빙 돌고 나니, 어지러워 그만, 이마에 땀이 난다. 땀이 다시 바람이 되어 하늘로 오르는, 아! 신나는, 나의 이 **'우주여행(宇宙旅行)'** 이여.

330
인간의 확신(確信)은, 대단히 소중하면서도 대단히 불안(不安)하다. 인간 자체가, 불안하기 때문이다. 그래서 잘못된 확신은 최악(最惡)의 경우, 인류의 멸망(滅亡)을 자초할 가능성이 있다. 그 한 예가 바로, 제1·2차 세계대전(世界大戰)이다. 그러기에, 인간은 자기의 확신(確信)을 반드시 의심(疑心)하고 또 의심해봐야 한다.

331
행복(幸福)이란, 지나온 과거(過去)에 살고 있는 참 오묘하고 괴상(怪狀)한 감정의 울림이다. 그러나 현대인들은, 행복이 현재와 미래에 있다고 믿고 있다. 참으로, 오만한 착각(錯覺)이다. 아무리 어렵고 힘들었어도, 지난 온 일들을 되돌아보면 **"그래도 그때가 참, 좋았어요 여보!"** 이렇게 달콤한 감탄사가, 저절로 흘러나오기 마련이기 때문이다.

제27장

사랑은 멀수록,
신비하고 아름답다.

332
사랑은 멀수록, 신비하고 아름답다.

333
사랑은 고체(固體)가 아니라, 마음속에서 항상 출렁거리는 액체(液體)다. 그래서 어디로 흘러갈지는, 나도 전연 모른다. 그러기 때문에, 바람이 나는 것이다.

334
당신의 신발을, 한번 살짝 벗어 보라! 발의 행복(幸福)을 위해, 가장 즐겁게 웃지 않은 신발은, 결코 사람의 신발이 아니다.

335
유혹(誘惑)의 대상은, 결코 벗〈친구〉이 될 수 없다. 다만, 욕망(慾望)을 채울 뿐이다.

336
모든 만족(滿足)은, 오직 하나에만 있다. 둘은, 벌써 욕심(慾心)과 질투(嫉妬)의 시작이다. 세계적인 성인(聖人)들은, 모두가 하나에만 집착하고 만족한 사람들이다. 죽을 때까지 오직 하나의 자기논리(自己論理)를 지키는 그 사람이 바로, 가장 위대한 철학자(哲學者)이기 때문이다.

337
우정(友情)의 가장 큰 비밀은, 언제나 영(零)이다. 이것은 주고받는 것이, 서로 같거나 아니면 비슷하다는 뜻이다.

338
희망(希望)과 행복(幸福)은, 우리를 앞으로 이끌고 가는 가장 강력한 힘〈engine〉이다. 이것은 신(神)의 존재처럼, 하나의 믿음이다. 우리는 무어라 해도, 이 믿음의 힘에서 도저히 벗어날 수가 없다.

339
병(病)이, 건강을 지키고 있다. 건강하고 싶으면, 병을 몹시 사랑하면 된다. 그래서 병에게 어서 빨리, 가장 좋은 약(藥)을 찾아 주어야 한다.

340
정신적 상처(傷處)에는, 이해(理解)와 사랑의 약(藥)뿐이다. 그밖에 다른 약(藥)은 효력(效力)이 별로 없다.

341
부나비의 저 타버린 죽음 앞에, 정열(情熱)을 말하지 마라. 그 누구도, 용서(容恕)할 수 없는 거짓말이다.

제28장

자연(自然)의 사랑은,
오직 무관심(無關心)이 최고의 사랑이다.

342
자연(自然)의 사랑은, 오직 무관심(無關心)이 최고의 사랑이다.

343
꽃은 인간의 사랑을 받는 즉시, 목이 달아나거나 뿌리가 뽑히고 만다. 인간의 무관심(無關心) 그 밖에서만, 자연(自然)은 제 마음껏 춤추고 노래할 수 있다.

344
야생화(野生花)는, 이름도 필요 없고 칭찬도 필요 없다. 아무튼 인간의 관심(關心)만 벗어나면, 최대의 만족이고 최고의 행복이다.

345
바람에 버드나무가 신나게 춤추면, 그 옆의 풀잎도 따라서 신나게 춤춘다. 이것이 바로, 자연의 즐거움이다.

346
만족은, 자연의 본성(本性)이다. 자연스러움이란, 최고의 만족이라는 뜻이다. 누구나 가진 것 그대로 자연스럽게 살면 그것이 바로, 최고의 만족이다.

347
법(法)은, 자연의 법만큼 완벽한 법은 없다. 자연의 법은, 원래(原來) 그대로 내버려두면 되는 법이다. 이것이 바로, 완벽한 질서(秩序)다.

348
진짜 큰 물고기는, 깊은 물속에서 외롭게 혼자 산다. 훌륭한 어부(漁夫)는, 이 사실을 너무 잘 알고 있다.

349
피라미는 피라미일 뿐, 절대로 큰 물고기가 될 수 없다. 저 작은 피라미처럼, 그렇게 한계(限界)를 보이는 인간들이 가장 많다.

350
비〈雨〉는, 눈〈雪〉보다 차원(次元)이 높다. 눈은 덮는 데 능숙하고, 비는 쓰는 데 능숙하다. 따라서 눈의 끝은 더럽고, 비의 끝은 깨끗하다. 그러나 가장 무서운 큰 홍수(洪水)의 경우는, 그 의미(意味)가 전연 다르다.

351
눈〈雪〉은, 너무 화려하고 요염(妖艷)하다. 그 뒤에다, 음흉(陰凶)한 더러운 본색(本色)을 감추어 놓았기 때문이다.

352
비〈雨〉는, 시작부터가 사색적(思索的)이고 눈〈雪〉은, 시작부터가 율동적(律動的)이다. 그래서 비는 생명을 데려오고, 눈은 기쁨을 데려온다.

353
자연은 인간을, 가장 아끼는 친구로 존경(尊敬)해 왔다. 그러나 인간은, 그것을 오히려 철저하게 이용해 왔다. 그래서 인간의 미래는, 자연의 보복이 가장 두렵다.

354
물속의 작은 피라미의 행동을 보면, 작고 옹졸한 사람을 판단(判斷)할 수 있다. 그들은 꼭 피라미처럼, 행동하기 때문이다.

355
지구(地球)도, 한 알의 먼지의 확대(擴大)의 확대다. 우주도, 원자(原子)의 확대의 확대다. 이렇게 모든 존재는, 작은 것의 빅뱅(big bang)이다. 나〈我〉도 우리 아버지와 우리 어머니의 고 작은, 정자(精子)와 난자(卵子)의 빅뱅이다.

제29장

잠[睡眠]은,
죽음의 확실한 연습이다.

356
잠〈睡眠〉은, 죽음의 확실한 연습이다.

357
나무는 죽을 때, 가장 감동적으로 죽는다. 그것이 바로, 저 찬란한 불꽃이다. 사람은 죽을 때, 송장(送葬)으로 죽는다. 그것이 바로, 사람의 마지막이다. 삶이 끝나는 그 마지막 순간 그때, 오직 단 한 번, 가장 만족스럽고 가장 평화로운 표정(表情)이다. 이것이 바로, 그렇게 힘들었던 우리 삶〈人生〉의 그 마지막 결말이다.

358
우리 민족은, 죽음 그 다음이 더욱 아름다웠다. 달콤한 젖으로 가득 찬, 한껏 부푼 어머니의 젖가슴이 바로, 우리 민족이 발견한 무덤의 저 미학(美學)이다. 그러나 요즘 세상 같이 화장(火葬) 해버리는 시대에는, 죽음 그 다음이 전연 없다. 그래서 현대인은, 참으로 불쌍하고 더 허무(虛無)하다.

359
못난 초침(秒針)이, 심장의 속도를 겁 없이 흉내 내고 있다. 오직 심장 뛰는 속도만이, 그 엄숙한 죽음의 속도(速度)다.

360
삶은 죽음을 먹고, 죽음은 삶을 먹는다. 이 둘의 궁극은 하나다. 그것이 바로 돌고 도는 저 원(圓)이다. 우리가 살기 위해 먹는 것 중에, 죽음 아닌 것이 단 하나도 없다. 죽음 역시, 이 세상 모든 삶〈생명〉을 하나도 남김없이 다 먹어 치운다.

361
가장 크게 보이는 세계〈망원경(望遠鏡)의 세계〉만큼, 가장 작게 보이는 세계〈현미경(顯微鏡)의 세계〉가 있다. 이 두 끝은, 서로 무한(無限)에서 만나게 된다. 삶과 죽음의 세계도, 시간(時間)의 최소와 최대의 차이뿐이다. 궁극(窮極)은, 하나다. 삶의 뒤쪽이 죽음이고, 죽음의 앞쪽이 바로 삶이다. 돌아가신 할아버지가, 새로 태어나는 손자(孫子)와 서로 만나는, 그런 원(圓)의 관계다.

362
촛불이 빛으로 변하는 순간부터, 초는 비로소 죽음이 시작된다.

363
이 세상 모든 끝과 시작은, 언제나 다정한 한 쌍의 부부(夫婦)다. 삶과 죽음도, 마찬가지다.

364
순간(瞬間)과 영원(永遠)은, 하나다. 둘로, 분리될 수 없다. 죽음의 순간이, 곧 영원이다.

365
시간(時間)은, 영원한 무(無)다. 다만, 내가 존재할 뿐이다.

무(無) 앞에 선, 내 죽음이여! 네가 바로, 시간이 무(無)임을 증명해 줄 증인(證人)이다.

366
죽음은, 인간이 이용(利用)할 수 있는 무한(無限)한 에너지(energy)다.

367
최악(最惡)의 절정(絕頂)은, 죽기 아니면 살기다. 이런 극한 상황에서, 한쪽의 선택이 바로, 운명(運命)이다.

368
21세기는 과학이 바로, 귀신(鬼神)이 되는 세기(世紀)다. 자연과 인간은, 지금부터 과학과 죽을 각오(覺悟)로 싸워야 한다.

369
죽음이, 허무(虛無)의 왕국(王國)에서는 반드시 무서운 폭군(暴君)으로 돌변(突變)한다. 그래서 이를 제압하는 방법이, 바로 삶의 역설(逆說)이다. 언제라도, 죽을 각오로 살아라.

제30장

타락한 성욕(性慾)은 이제, 식욕(食慾)처럼 공개적이고 노골적이다. 이것이 바로, 신(神)이 노(怒)한 확실한 증거다.

370
타락한 성욕(性慾)은 이제, 식욕(食慾)처럼 공개적이고 노골적이다. 이것이 바로, 신(神)이 노(怒)한 확실한 증거다.

371
성(性)을 노리개로 생각하면, 반드시 천벌(天罰)을 받는다. 성은, 모든 생명(生命)의 근원(根源)이기 때문에 그렇다.

372
성(性)은, 그 엄숙한 생명의 교환(交換)에서 이제는 한낱, 가장 더러운 접촉성 피부병(皮膚病)으로 추락했다. 참으로 놀라운, 신(神)의 분노(忿怒)다.

373
그 성스러운 성(性)은, 이제 죽었다. 쾌락적 미신(迷信)만이 지금 한없이 번식(繁殖)하여, 가장 징그럽게 자라고 있다.

374
언제부턴가 인간의 성(性)이, 길거리에서 작은 노리개나 장난감으로 팔리고 있다. 참으로, 무섭고 두려운 시대다.

375
인간들은 겁 없이, 천벌(天罰)을 제멋대로 가지고 논다. 이것이 바로, 성(性)의 타락(墮落)이다.

376
성(性)은 가장 높은 생명〈神〉의 자리에서, 가장 낮은 쾌락 〈商品〉의 자리로 쫓겨났다. 이것은 바로, 현대사회의 최대 비극(悲劇)이다.

377
성(性)은 호기심(好奇心)으로 집을 짓고, 그 속에서 우리 인간을 한없이 유혹하고 있다.

378
사랑 없는 성행위(性行爲)는, 하늘에 떠있는 구름과 같다. 그 뒤〈後〉에는, 너무나 두렵고 또 한없이 무섭다.

제31장

인간의 자만(自慢) 때문에, 천벌(天罰)이 있다.

379
인간의 자만(自慢) 때문에, 천벌(天罰)이 있다.

380
인간(人間)은 벗으면 누구나 똑 같기 때문에, 참으로 요란스럽게 옷을 입는다.

381
인간의 겸손(謙遜)은, 충분히 하느님의 미소(微笑)가 될 수 있다.

382
세월(歲月)의 가장 화려한 잔치가, 바로 노인들의 저 춤추는 주름살이다.

383
일이, 사람을 지배(支配)해서는 안 된다. 반드시 사람이, 일을 지배해야 한다.

384
양심(良心)은, 인간의 유일한 무게다. 하느님이 관리하는, 인간의 무게다. 짐승은 그 무게가 없기 때문에, 언제나 가장 맛있는 고기일 뿐이다.

385
가장 아름다운 노력은, 부부(夫婦)가 늙어갈수록 신혼(新婚)처럼 사는 노력이다.

386
사람이 사람답지 않으면, 짐승의 비웃음을 산다. 짐승은 생명을 던져 가장 맛있는 고기가 되지만, 사람은 아무리 존경을 받아도 결국은 썩는 송장이 된다. 그래서 사람은, 가장 깨끗하게 살아야 한다.

387
의사(醫師)는 병(病)을 고치는 기술자가 아니라, 인간의 존엄(尊嚴)과 그 가치(價值)를 구체적으로 알리는 전도사(傳道師)다.

388
인간이, 가장 잔인(殘忍)하다. 그것은 어린이들 손에 잡힌 나비들이 알고, 목이 잘려 꽃병에 꽂인 꽃들이 알고, 발밑에 밟힌 작은 개미들이 알고, 고기로 죽어가는 저 가축(家畜)들이 다 안다.

389
나무[木]는, 늙을수록 아름답다. 사람은, 늙을수록 게걸스럽고 더럽다. 나무는 햇빛과 물을 먹고 성장하고, 사람은 **빵**〈밥〉과 고기를 먹고 성장한다. 빵과 고기가, 우리의 삶에서 그 얼마나 무섭고 더러운가를 우리 모두는 다 알고 있다. 나무는 소유(所有)를 버리고, 사람은 소유를 쌓는다. 나무는 시간에 감사(感謝)하고, 사람은 시간에 분노(忿怒)한다.

제32장

습관은 뒤돌아보지 않으면, 병(病)이다.
내 스스로가, 약(藥)이 되어 고쳐야 한다.

390

습관(習慣)은 뒤돌아보지 않으면, 병(病)이다. 내 스스로가, 약(藥)이 되어 고쳐야 한다.

391

신(神)은 불가능(不可能)의 존재이기 때문에, 오히려 절대자의 최고 위치에 가 있다. 이것이 바로, 인간의 위대한 사상(思想)이다.

392

지렁이 몇 마리를, 한창 뜨거운 프라이팬 위에 올려놓고, 그들이 마지막 죽어가는 그 몸부림이 바로, 요즘 우리 젊은 이들이 가장 좋아하는, 그들의 춤이다. 그래서 누가 뭐래도, 그것은 너무나 아찔한 세기말적(世紀末的)인 증상이다.

393

가짜에 속는 것은, 그렇게 억울(抑鬱)하지 않다. 그러나 가짜에 속으면 나는, 나도 모르게 그만 가짜가 된다는, 이 사실이 참으로 억울하다.

394

삶에서 **'너무'** 나 **'아주'** 는 병적(病的)인 상황(狀況)이다. **'알맞다'**, **'적당하다'** 가 가장 좋은, 삶이다. 이것이, 중용(中庸)이다. 중용은 바로, 하늘의 정확한 이해(理解)다.

395

열등의식이, 세계를 지배해 왔다. 그 증거는, 영광스러운 세계사(世界史)가 충분히 갖고 있다. 병(病)이 아닌 열등의식은, 인간의 최대의 힘이다. 그러나 조심하여라. 열등의식이 때로는, 화약고(火藥庫) 같은 그런 폭발력을 갖고 있다. 그때는 파괴 아니면, 잔인한 전쟁이나 폭력이다.

396
경찰관(警察官)이나 검찰관(檢察官)이 죄인(罪人)을 미워한다면, 그것은 본질적으로 가장 웃기는 사람들이다. 죄인이 있어야, 그들의 존재이유가 명확하기 때문이다. 그래서 그들은 죄(罪)는 용서할 수 없이 미워하되, 죄인까지 미워하면 그것은 그들의 존재모순(存在矛盾)이다.

397
컴퓨터〈또는 핸드폰〉앞에 쪼그리고 앉아 있는 불쌍한 현대인들아! 정보(情報)가 많으면, 그만큼 당신들은 괴롭다. 인간의 욕심은 끝이 없는데, 그 많은 정보 앞에 당신들의 욕심이 참으로 불쌍하다.

398
인간과 신(神)과의 관계는, 인간이 신(神)을 창조해 놓고, 오히려 그 신의 지배를 받는 역설적(逆說的) 관계다. 이것이야말로, 인간의 가장 위대한 무능(無能)이다.

399
꽃이 시들지 않는다면, 꽃의 아름다움은 결코 찬란하지 않을 것이다. 조화(造化)를 보면, 알 수 있다. 사람도, 마찬가지다. 나이 먹어 늙어 가는 것이, 사람의 가장 아름다운 모습이다.

400
솔직 하라. 사람이 사람답기 위하여, 솔직 하라. 짐승들은 솔직한 것만으로, 신(神) 앞에서 사람들보다 절대로 유리하다.

401
돌멩이들을 남김없이, 향기로운 장미꽃으로 비약(飛躍)시켜라. 인간의 상상력(想像力)은, 그것이 가능하다. 이것이 바로, 인간의 창조적(創造的) 능력(能力)이다.

402
작은 개미 한 마리까지 사랑할 수 있는, 유일한 동물은 오직 인간뿐이다. 이것이 바로, 인간(人間)의 자격(資格)이다.

403
사람은 사람을, 절대로 비웃을 수 없다. 그것은, 서로 사는 입장(立場)이 똑 같기 때문이다. 그러나 다만 짐승은, 사람을 마음껏 비웃을 수 있다. 그것은, 사는 입장이 전연 다르기 때문이다.

404
말없는 상태는, 만족(滿足) 내지 불만족이고, **'너무'**는 과장이고 **'아직'**은 부족이다. 인생이란, 언제나 이렇게 예민한 상황이다.

405
까부는 사람들 중에, 까불 자격이 없는 사람들이 너무나 많다. 권력(權力)이나 돈⟨金⟩, 이것은 누구나 기회만 있으면, 다 가질 수 있는 가장 값싼 싸구려다. 진짜 까불 사람은 그 사람이 아니면, 이 세상에 그 누구도 전연 가질 수 없는, 위대한 창조적(創造的) 재산을 가진 사람이다.

406
이 세상을 가장 깨끗하게 청소하는 청소부는, 오직 죽음뿐이다. 만약 병(病)들고 늙어 쓸모없어진 존재가 죽지 않는다면, 이 세상은 그 얼마나 비참하겠는가. 죽음은 바로, 신(神)의 가장 뜨거운 배려(配慮)요 사랑이다.

407
내가 만일 60에 죽는다면, 나는 60년 전(前)으로 돌아가는, 가장 깨끗한 내 삶의 결과다. 죽음은 그만큼 내가 다시 새롭게 태어날, 유일한 기회요 유일한 비결(秘訣)이다. 그러나 자살(自殺)은 다시 태어날 수 없는, 가장 더러워 불태워진 쓰레기 같은 죽음이다.

제33장

삶의 핵심은, 내가 끝까지 살아야 한다는 이 한 가지 이유(理由)다. 이 이유가 없다면, 우리의 삶은 나무나 허무(虛無)하다.

408
삶의 핵심은, 내가 끝까지 살아야 한다는 이 한 가지 이유(理由)다. 이 이유가 없다면, 우리의 삶은 너무나 허무(虛無)하다.

409
꽃이, 아름다운 것이 아니다. 인간의 마음이 아름답기 때문에, 꽃이 아름답다. 꽃 자체는, 언제나 무의미(無意味)한 꽃일 뿐이다.

410
신(神)은 오직 양심(良心)으로 부르고, 마음으로 찾아야 한다. 그밖에 신(神)을 부르거나, 신을 찾는 방법은 하나도 없다.

411
교회(敎會)가 미래(未來)에도, 신(神)을 독점(獨占)할 수 있을까? 그것은 신(神)이 오히려, 절대로 용납하지 않을 것이다. 미래의 교회〈宗敎〉는 인간(人間)이 신(神)이 되는, 그런 교회가 되어야 한다.

412
춤〈舞〉은 바람이, 스승이다. 바람은, 나무와 갈대까지 춤추게 한다. 나무와 갈대는 사람까지, 가장 즐겁게 춤추게 했다. 이것이 바로, 저 아름다운 자연의 지혜(知慧)와 은혜(恩惠)다.

413
댐(dam)은, 물〈水〉을 가두는 한계(限界)다. 물은 그 한계 속에서는, 가장 온순하다. 그러나 그 한계를 벗어나면, 물의 분노는 폭력과 잔인(殘忍)으로 바뀌고 만다.

414
모든 물〈水〉은, 위에서 아래로 흐른다. 이 나라의 유교원리(儒敎原理)는, 아래의 물을 위로 흐르게 한다. 그래서 어쩌면? 부모들이 생각하는 그 괘씸한 불효(不孝)는, 너무나 자연스러운 물의 흐름이다.

415
둔재(鈍才)는 노력으로 꿈을 만들고, 천재(天才)는 영감(靈感)으로, 꿈을 만든다.

416
둔재(鈍才)는 할 말을 다 하고, 천재(天才)는 할 말을, 아낀다. 천재는 흘러가는 그 시간이, 너무나 아깝기 때문이다.

417
내가 어렸을 때는, 잠자리의 암컷만 잡으면 수컷은 저절로 잡혔다. 페미니즘(feminism)은, 내가 잡았던 암컷 잠자리의 논리(論理)다.

418
현대문명의 편리(便利)함은, 오히려 인간을 한없이 게으른, 벌레로 만들고 있다.

419
기쁨과 미움은 본질적으로 비논리적(論理的)이다. 인간의 감정은 의지가 개입할 수 없는, 마음의 무한한 자유영역이기 때문이다.

420
미래 인류에게, 부가가치가 가장 높은 자원(資源)은 아이디어(idea)와 상상력, 그리고 영감(靈感)을 가지는, 인간의 뇌(腦)와 똑 같은, 인공지능〈AI〉을 계발하는 것이다. 그러나 인간이 조금만 자만한다면, 기계에 의해 인간이 어느 날, 갑자기 자멸(自滅)할 수도 있다. 이 문제는 우리의 미래세대가, 가장 엄숙하게 고민해야 할, 가장 무거운 숙제다.

421
미래의 최고 기술(技術)은, 인간이 병들지 않고 늙지 않는 기술〈의학기술〉이 될 것이다. 마약, 그런 기술이 개발 된다면? 그 기술 속에는 동시에, 인간을 보다 쉽게 병들게 하고 보다 빨리 늙게 하는 그런 기술도 함께 포함돼 있을 것이다. 기술은 얼마든지, 부정적〈반대〉으로 이용될 수 있기 때문이다. 그렇다면? 인간의 미래는 굉장한 밝은 희망인 동시에, 또한 가장 어두운 절망일 수도 있다.

422
미래의 최고 희망(希望)은, 맑은 물(水)과 맑은 공기(空氣)다.

423
가상〈on-line〉세계로 떠나버린, 체온(體溫)있는 인간을 다시 찾아라! 이것이, 21C의 화두(話頭)다.

424
영원한 나의 식량, 어머니의 젖이 가득 차있는 가장 아름다운 유방(乳房), 나의 무덤이여!

425
삶은 원래가 하늘이 날마다 놀다가는 그런, 저 깨끗한 맹물이다. 이 사실을 알 때가, 가장 아름답다. 우리의 이런 아름다운 삶을, 언제부턴가 우리 스스로가 끝없이 더러운 불순물로 만들고 있다. 이것이 바로, 우리가 그렇게 자랑하는 현대과학문명이다.

426
나는 '나 자신'이라는 가장 감동적인 '시집(詩集) 한 권'을, 날마다 읽고 있다. 오직 나의 소유는 단지(但只), 이 시집 한 권뿐이다.

427
불행을 경험하지 못한 사람은 결코, 행복한 사람이 아니다. 불행을 모르는 행복은, 논리적으로 존재하지 않는다. 불행은 두려움이 아니라, 행복을 위한 새로운 희망이다. 아픔도, 슬픔도, 가난도, 절대로 우리를 배신하지 않고 언젠가는, 반드시 새로운 희망을 데리고 올, 삶의 가장 소중한 친구들이다. 긍정(肯定)이야말로 단, 하나밖에 없는 가장 건강한, 유일한 우리의 희망이기 때문이다.

428
정치가(政治家)들은 그 아득한 옛날이나 지금이나, 통통의 저 구더기 같은 가장 더러운 놈들이 함께 모여, 서로 저희들이 더 국가를 위하고 더 국민을 위한다고 무섭게 싸우며, 가장 징그럽게 꿈틀거리는 그런 사람들이다.

429
정치(政治)는 국민을 속이는, 가장 세련된 조작(造作)의 기술(技術)이다. 이 나라〈대한민국〉는 세계 최고의 정치기술 국가(政治技術國家)다.

430
역사는, 그 시대의 기록(記錄)이다. 모든 기록은 개인이나 단체나 모두가 다 그 시대의 역사다. 그래서 그 뒤따라오는 후배나 후손(後孫)들에게 오직, 가장 절실히 반성(反省)할, 그 엄숙한 숙제(宿題)를 남기는 것이다.

431
지금 내가 '**현재**' 서 있는, 그 어느 공간이든 이 공간은, 내가 책임지고 있는 가장 소중한 내 유일한 공간이기에, 내 앞에 있는 아주 보잘 것 없고, 매우 자잘한 것이라도, 온 정성으로 잘 보살피고 아주 귀중히 아끼고 사랑하는 그 마음이야말로, 우리의 삶을 가장 아름답게 하고 가장 위대하게 하는, 삶의 최고 미학(美學)이다.

432
우리의 인생〈삶〉은, 그 누구나 처음에서 끝까지 잔인(殘忍)

한, 저 황홀한 꿈(夢)과의 전쟁이다. 그 치열한 전쟁 끝에 오는 가장 행복한 평화(平和)가 바로, 포근한 잠자리에서 영원히 잠드는, 우리의 그 죽음이다.

433
내 젊은 날, 내 시(詩) 속에 자주 나오는 그 '**하얀 노인**'은, 내가 꿈꾸던 가장 멋진, 내 인생의 황혼의 모습이었다. 그런데 '**번쩍~**' 하는 번개 같은 세월의 발길에 비참히 차여, 어느덧 내가 그만 하얗게 늙어, 참으로 추(醜)한 '**80대**' 노인이다. 이것이 바로, 내 젊은 날, 그렇게 시(詩)처럼 아름답게 꿈꾸던, 내 인생의 그 황혼(黃昏)이란 말인가....? 오, 불쌍하고 허무한 늙은 노시인(老詩人)의, 이 저녁놀지는 인생(人生)이여.

434
가장 아름다운 정치미학(政治美學)은, 새로운 역사(歷史)와 새로운 국민희망(國民希望)을, 창조(創造)하는 일이다.

435
이 나라 역사상, 가장 더러운 놈들이, 저보다 높은 놈〈**임금·대통령·당대표**〉에게 덧붙어서, 좀더 출세하려고 온갖 아첨(阿諂)과 아부(阿附)하다가, 그만 나라를 망친 그 현상이 지금 현재도, 우리들 눈앞에서 진행되고 있다는 그 충격에, 오늘도 노시인(老詩人)은 밤낮 가장 가슴 아픈, 역사적 통증(痛症)을 앓고 있다.

436

정치는, 가장 엄밀하고 가장 엉큼하게 제작된, 음모(陰謀)의 최고 예술품이다.

437
정치(政治)는, 가장 엄밀한 음모(陰謀)의 그 촘촘한 거물로, 순진하고 정직한 국민(國民)들을 모아 가두어 잡아서, 저들의 입맛에 맡게, 온갖 인공조미료를 듬뿍 듬뿍 쳐가며, 막 찌지고 볶으면서 요리(料理)하는, 가장 놀라운 요리기술이다. 국민들은 그들이 만든 그 현란한 요리음식에, 절대로 함부로 손대거나 입대지 말아야 한다. 이것이 바로, 정신 바짝 차린, 가장 위대한 국민의 자격이다.

438
이 세상 모든 권력(權力)은, 보이지 않는 음모(陰謀)가 연출(演出)한, 가장 재미있는 연극(演劇)이다. 이 연극은 아마? 인류가 지속하는 한, 가장 재미있는 연극으로, 영원히 상연(上演)될 것이다.

439
우리 모두의 인생사(人生史)는, '애롱~! 메롱~!' 요렇게, 혀 쏙 내밀면서 다 끝난다. 이것이 바로, 인생무상(人生無常)의 그 연극, 마지막 엔딩(ending)이다.

440
정치나 권력은, 배신(背信)의 예술이다. 정치가나 권력자가 되려면, 배신의 그 쓰리고 아리는, 잔인(殘忍)하고 독(毒)한 그 맛부터 배워야 한다. 이 나라는 그 잔인한 맛을 매우 갈망(渴望)고 즐기려는 예술가(藝術家)〈청치지망생〉들로 가득 차있다. 아무튼, 참 재미있고 흥미로운 나라다. 그래서 이 나라 미래가, 내가 눈감고 죽어도, 참 걱정스럽다.

후기사족(後記蛇足)〉

시인(詩人)이 추구하는 시(詩)의 완벽한 언어적 욕망은, 그 시인이 눈을 감아야만 비로소 끝나는, 무한한 고뇌(苦惱)의 연속이다.

월엽 류 재 상

月葉 류재상(柳在相) 시인의 연보

月葉 류재상(柳在相) 시인의 연보

◉ 출생 및 가족
· 아호: 月葉
· 1944년 7월 7일(음5월 9일 오후 4시경 탄생), 경남 함양군 안의면 봉산리 석반부락(새주소:봉산길 53)에서 아버지 **류동열(柳東烈)**과 어머니 **박문숙(朴文淑)**의 8남매 중 장남(長男)으로 태어나다.(문화 류가 대승공파 33세손)
· 1972년 1월 13일, 장인 **양동석(梁東錫)**과 장모 **신용순(愼用順)**의 장녀인 **양정숙(梁正淑)**과 결혼하여, 큰딸 **선아(仙娥)**와 작은딸 **지아(芝娥)** 그리고 아들 **용아(龍我)** 3남매를 두다.
· 큰딸 **선아(仙娥)**와 사위 **임재충(林在沖)**과의 사이에 외손녀 **성하(成河)** · **성희(成熹)** 외손자 **성우(成雨)**가 있고, 작은딸 **지아(芝娥)** (1973년 11월 18일생)는 아버지 문학 작업을 돕고 뒷바라지 하느라, 그만 결혼도 깜빡 잊어버린 채 내 문학의 '**가장 위대한 동반자(同伴者)**', 아들 **용아(龍我)**〈의학박사 · 성형외과전문의〉와 며느리 **명소영(明素英)**〈첼리스트(Cellist)〉과의 사이에 친손 **호빈(浩彬)** · **호연(浩然)** · **호준(浩俊)** 3형제가 있다.

◉ 학력 및 등단
· 1951년에서 1963년까지 안의 초 · 중 · 고등학교를 졸업하다.
· 1970년 2월 26일 서라벌예술대학 문학부 문예창작과 4년간 수석으로 졸업하다.
· 1977년 6월 25일 시집『감하나』로, 未堂 서정주 서문(序文) 추천으로 등단하다.
· 명예시문학박사

◉ 문단활동
- 詩 5,000편 이상 창작하다.
- 著書, 현재 45권〈創作시집34권·詩抄시집8권·단상집(류재상잠언집)1권·류재상詩歌曲集1권·류재상 詩論1권〉상재하다.
- 「韓國詩大事典」및「現代詩人大事典」과 그 밖의 문학사전에 등재되다.
- 2013년 7월 7일, 충남 보령시 주산면 작은샘실길58-18 '시와숲 길공원'에 〈류재상詩四千篇創作詩碑〉를 제자들이 세우다.
- 한국문인협회 제24기 이사(理事) 역임하다.
- 2006년 세계계관시인학술원에서 명예시문학 박사 학위 받다.
- 2006년 8월 31일자로 37년간 고교 국어와 문학교사로 정년퇴임하다.

◉ 수상
- 1999년 제2회 '한국녹색시인상' 수상하다.
- 2000년 제2회 '세계계관시인대상' 수상하다.
- 2001년 제1회 '이육사문학상본상' 수상하다.
- 2009년 제1회 '방촌문학대상' 수상하다.

◉ 출간 작품집
- 1977년 제1시집「감하나」
- 1980년 제2시집「素朴한 愛國」
- 1983년 제3시집「달콤한 죽음의 演習」
- 1984년 제4시집「大地의 힘」
- 1987년 제5시집「동백꽃」
- 1987년 제6시집「가슴 뛰는 세상」
- 1989년 제7시집「정말 반성해 봅시다」

- 1989년 제8시집「돌아보기(1)」
- 1989년 제9시집「돌아보기(2)」
- 1997년 제10시집「여보, 당신만을 사랑해요」
- 1998년 제11시집「꺾어 심은 나무」
- 1999년 제12시집「과수원집 빨간 사과」
- 2000년 제13시집「하얀 밥풀 하나」
- 2001년 제14시집「시인의 나라」
- 2001년 제15시집「아침 이슬」
- **2002년 단상집「시인의 고독한 독백」**
- 2002년 제16시집「감각. 21」
- 2002년 제17시집「이야기」
- 2003년 제18시집「봄소식」
- 2003년 제19시집「사랑의 詩」
- 2003년 제20시집「가장 싸늘한 불꽃」
- 2004년 제21시집 삼행시「위대한 사람」
- **2004년 「류재상詩歌曲集」**
- 2004년 제22시집「파란 풀잎」
- 2005년 제23시집 일행시「寸鐵殺人」
- 2005년 제24시집「詩는 행복해요」
- 2005년 제25시집「가장 촉촉한 沈默)」
- 2006년 제26시집「행복을 팔아요」
- **2006년 류재상 詩 100選 시집「月葉詩魂)」**
- 2007년 제27시집「황홀한 죽음」
- **2007년 류재상 戀歌(2쇄)「여보, 당신만을 사랑해요」**
- **2008년 류재상 시집「오솔길」**

- 2009년 제28시집 「수채화」
- 2010년 제29시집 「가장 황홀한 원(圓)」
- 2013년 제30시집 「정말 감사합니다」
- 2014년 제31시집 「삶의 여백」
- 2015년 제32시집 「우리는 모두가 혼자 꿈꾸는 존재」
- 2016년 제33시집 「참 새콤한 시」
- **2016년 류재상 戀歌(3쇄) 「여보! 당신만을 사랑해요」**
- 2018년 제34시집 「아름다운 초월」
- 2021년 「류재상詩論」
- 2023년 「가장한 촉촉한 침묵(개정판)」
- 2023년 「삶의 여백(개정판)」
- 2024년 「나와 우리 가족 및 은사님! 시 모음(특집)」
- 2025년 「〈단상집〉시인의 고독한 독백(獨白)(개정판)」
- 현재, 저서 45권 〈創作詩集 34권 · 詩抄詩集 8권 · 斷想集(류재상 명상집) 1권 · 류재상詩歌曲集 1권 · 류재상 詩論 1권〉 상재

月葉 씀.

시인의 고독한 독백(獨白)

류재상 冥想集

인쇄일	2025년 02월 20일
발행일	2025년 02월 28일
지은이	류 재 상
디자인	도서출판 평강
펴낸곳	도서출판 평강

창원시 마산합포구 남성로 28
☎ 055) 245-8972
E-mail. pgprint@nate.com

· 도서출판 평강과 저자의 서면 동의 없는 무단 전재 및 복제를 금합니다.
· 저자의 도장이 없는 책을 판매하거나 기증할 수 없습니다.

ISBN 979-11-89341-37-4 (03600)